JE NE SUIS PAS VIRIL

ISBN : 978-2-412-06938-7
Dépôt légal : octobre 2021
Imprimé en France par I.M.E.

Photographie de couverture et portraits intérieurs : Juliette Leigniel
Photographie de Jamie Bell p. 49 : ⓒ BY-SA 4.0 Harald Krichel
Extrait du clip «Friendzone», p.100 : écrit par Norman Thavaud, Kader Aoun, Urbain.
Musique composée par Norman Thavaud et Gérard Cartoixa. © Benjamin Hekimian, Matthieu Joly
Création intérieure, mise en pages, collages et illustrations intérieures : Valp
Correction : Cécile Chavent
Stickers : Thurb

Éditions First, un département d'Édi8
92, avenue de France
75 013 Paris – France
Tél. : 01 44 16 09 00
Fax : 01 44 16 09 01
E-mail : firstinfo@efirst.com
Site Internet : www.editionsfirst.fr

BEN NÉVERT

JE NE SUIS PAS VIRIL

F1RST
ÉDITIONS

À mes parents.

SOMMAIRE

INTRODUCTION

J'écris pour tous les hommes qui ont la sensation de ne pas être pleinement eux-mêmes, qui ne se retrouvent pas dans ce que la société attend d'eux. Ce livre n'est pas un manuel de survie pour les hommes, ce n'est pas une minimisation de la parole des femmes et de l'importance de leur combat.

Ce livre est seulement mon témoignage. La trace écrite d'un enfant qui s'est senti différent jusqu'à l'âge adulte. Un enfant qui a découvert ce qu'on attend des hommes à ses dépens car il ne répondait à aucun de ces critères de puissance. C'est l'histoire d'un gamin hypersensible avec un retard de croissance. Un enfant plus petit que tous les autres garçons qui vit avec un trop-plein d'émotions permanent.

Voici comment j'ai réussi à transformer ce que je croyais être mes faiblesses en atouts. Voici comment ma différence est devenue le moteur entier de ma vie personnelle et professionnelle.

Je n'écris pas ce livre pour me plaindre, j'aime profondément ma vie et je ne regrette aucun moment, bon comme mauvais. Je n'échangerais ma place avec aucun autre.

J'écris le livre que j'aurais aimé lire adolescent et jeune adulte quand tout me laissait penser que je ne deviendrais jamais un homme épanoui, parce que j'étais trop différent, trop maigre, pas assez viril, trop imberbe, trop dépressif, pas assez grand, pas assez fort psychologiquement, trop empathique, trop gentil, trop esclave de mes émotions, pas assez dominant.

J'écris ce livre pour moi, parce que c'est une thérapie merveilleuse, mais aussi parce que si ne serait-ce qu'un chapitre, une page, une phrase peut vous apporter une réponse, à vous, qui tenez ce livre entre vos mains, alors cet objet trouvera son sens à mes yeux.

Ce livre n'est pas non plus *Le Manuel de l'homme parfait*. Il n'est pas une formule magique. Il ne détruit pas des dogmes liés à la masculinité pour en redéfinir de nouveaux. Chacun est libre d'être l'homme qu'il veut.

Mon message est qu'il faut sortir du prisme de la masculinité telle qu'elle est définie aujourd'hui pour se défaire de sa toxicité. Je pense sincèrement qu'en montrant de nouvelles masculinités, plus diverses, on dévoile un chemin à tous ces hommes qui ne se retrouvent pas dans le schéma «classique», qui refoulent leurs émotions et ne s'autorisent pas à être qui ils sont pleinement. C'est à ce moment qu'on peut devenir toxiques pour nous-mêmes et notre entourage.

Vous pouvez lire ce livre si vous êtes un homme, bien ou mal dans votre peau, avec de nombreux questionnements ou non, vous sentant différent ou pas du tout. Vous pouvez également le lire si vous êtes une femme. Mon message et mon parcours sont inéluctablement liés à la masculinité, étant de genre masculin, mais les problématiques que j'y aborde sont universelles, elles touchent à l'humain. Ce livre s'adresse autant aux hommes qu'aux femmes pour recréer du lien entre nous et se comprendre en essayant d'écarter une crainte qui n'a pas de genre : la peur du rejet et le besoin de savoir qui on est réellement.

Ce livre, c'est mon journal intime, mes questionnements et surtout les réponses que j'ai trouvées pour travailler à devenir le « vrai moi ».

J'ai appris par l'exemple, voici donc mon parcours.

Très bonne lecture.

Déf. **VIRILITÉ**

nom féminin

- Ensemble des attributs et caractères physiques, psychologiques et sexuels de l'homme.

CHAPITRE 1

NÉ POUR DEVENIR UN BONHOMME (OU PRESQUE)

COMMENT J'AI DÉCOUVERT LA VIRILITÉ

Je me suis demandé si j'avais toujours eu conscience de ce qu'était la virilité. Est-ce que cela était ancré naturellement en moi ou est-ce que mes comportements « de mec » sont apparus à un certain âge ? Très tôt, dès la maternelle, j'avais une amoureuse, on se disait qu'on s'aimait. J'avais déjà conscience de mon identité, de mon orientation sexuelle et des schémas établis. Mais je n'avais aucun comportement qui laissait penser que j'avais conscience de la notion de virilité.

Après réflexion, je sais exactement à quel âge j'ai compris ce qu'on attendait socialement d'un homme. Et je partais déjà avec des points de retard.

À 6 ans, mes parents ont constaté que j'étais plus petit que mes camarades. Après un suivi médical, le diagnostic est tombé : mon hypophyse ne fonctionnait pas correctement. Ma croissance chutait et l'écart de taille avec les autres enfants de mon âge risquait de se creuser.

L'hypophyse, c'est une glande
à la base du crâne qui gère
les hormones du corps, notamment
celles de croissance !

Pour être honnête, à 6 ans, ça ne me posait aucun problème, je ne ressentais pas de pression particulière et je n'avais même pas conscience de l'écart de taille avec les autres. Sauf que, pour ma rentrée en CE1, mon père a changé de travail. Toute la famille a suivi, on a quitté la région. C'était mon premier déménagement et je devais apprendre à m'intégrer dans une nouvelle école où tout m'était inconnu. Et si, jusqu'ici, mon identité n'avait jamais été un obstacle social, les choses ont commencé à changer.

C'EST LA TAILLE QUI COMPTE

J'ai un souvenir très clair de ma rentrée en CE1. J'arrivais dans un établissement où l'école maternelle était dans le bâtiment accolé à celui des classes primaires, donc tous les enfants se connaissaient déjà. Je débarquais avec une grosse naïveté sur le monde qui m'entoure et sans aucune appréhension.

J'ai vite déchanté : cette rentrée a été la pire de ma scolarité. Au-delà de vivre l'exclusion du « nouvel arrivant », j'ai compris que j'allais vivre l'apprentissage de la virilité. On m'a très rapidement fait sentir que ma taille était un critère de mise à l'écart – il était par exemple facile de m'exclure physiquement des cercles de discussion.

Je me souviens de la première semaine où, comprenant qu'il était compliqué d'être accepté par le groupe, je m'étais tourné vers un garçon seul, qui n'avait pas d'ami lui non plus. Je l'ai rejoint à la grille de l'école, lui ai souri en espérant que notre exclusion commune créerait un lien naturel. Cet enfant m'a regardé droit dans les yeux, m'a souri en retour puis m'a lancé : « Il est content, le petit ? Le petit nain bête ! »

C'était la première fois qu'on me faisait remarquer de manière péjorative ma taille et qu'on associait ma compassion et joyeuseté à de la faiblesse. Ce fut ma première gifle verbale, qui annonçait déjà malheureusement les nombreuses physiques.

COMMENT UN ENFANT QUI ASSISTE À DES VIOLENCES À RÉPÉTITION PEUT-IL ENVISAGER LES RELATIONS SOCIALES DIFFÉREMMENT QUE PAR LA DOMINATION ?

LA COUR DE RÉCRÉ VIRILE

À l'école primaire, les règles changent. Les comportements naïfs de l'enfance disparaissent, laissant la place à des rites initiatiques évaluant la virilité.

Un jour, pendant une récré, je discutais avec une fille de ma classe, une des rares interactions que j'avais réussi à créer. Un garçon de mon âge, qu'on nommera Alex, a traversé d'un pas décidé toute la cour pour venir se coller à moi. Avec ses deux têtes de plus que moi, il a bombé le torse et m'a regardé de haut. Puis il s'est adressé à la fille à côté de moi : « Y a un problème avec lui ? »

Le seul problème était celui qu'il était en train de créer par sa seule présence et son agressivité. J'ai compris à ce moment-là ce qu'impliquait la domination masculine : une oppression des hommes sur les femmes, déguisée en protection, qui incluait une concurrence entre les hommes. Le ridicule de la situation m'a frappé face au comportement caricatural d'Alex. J'ai appris bien plus tard qu'il imitait la manière d'être de son père.

« LES HOMMES, C'EST PAS DES FEMMES ! »

J'avais donc 7 ans quand j'ai compris ce qu'impliquait la virilité. J'assistais à ce besoin d'appartenance au groupe, où chaque enfant devait apprendre où se trouvait sa place.

RENTRER DANS LA CASE

Les garçons s'insultaient de « fillette » et de « pédé » pour différencier les vrais hommes des faibles (ceux qui étaient assimilés à des filles). On devait se défendre de tout comportement dit « féminin », il fallait prouver constamment sa domination masculine. Une hiérarchisation se mettait insidieusement en place dans le groupe.

Je découvrais alors 3 catégories de personnes

1.

LES MECS

Les plus vaillants et courageux,
toujours en haut de l'échelle.
L'objectif était de faire partie
de ces privilégiés dominants, entièrement
acceptés par le groupe.

Moi, j'étais là !

2.

LES GARÇONS EFFÉMINÉS

Des garçons qui adoptaient des comportements
ou codes réservés aux filles, et qui devenaient donc
des « garçons faibles ». On se moquait d'eux et les excluait du groupe.
L'objectif était donc de s'éloigner au maximum de ce qu'on attend d'une fille,
afin d'être accepté par la catégorie dominante.
C'était le début du paradoxe entre le rejet et l'attirance du féminin.

3.

LES FILLES

Toujours en bas de l'échelle. Je constatais la violence verbale et physique
dont elles étaient victimes, mais étrangement elles étaient aussi « chassées »
comme des proies pour les ériger en trophée.
Je remarquais que les adultes excusaient plus facilement la violence physique
d'un petit garçon envers une fille que celle des filles entre elles.
Les petits garçons montraient leur attirance envers les filles par la violence,
comme s'ils ne pouvaient exprimer une quelconque émotion fine et sensible.
Les filles, elles, ne devaient surtout pas « se masculiniser » par la violence.
On vous a déjà dit « qui aime bien châtie bien » ?

CE QU'ON ATTEND SOCIALEMENT D'UN Homme

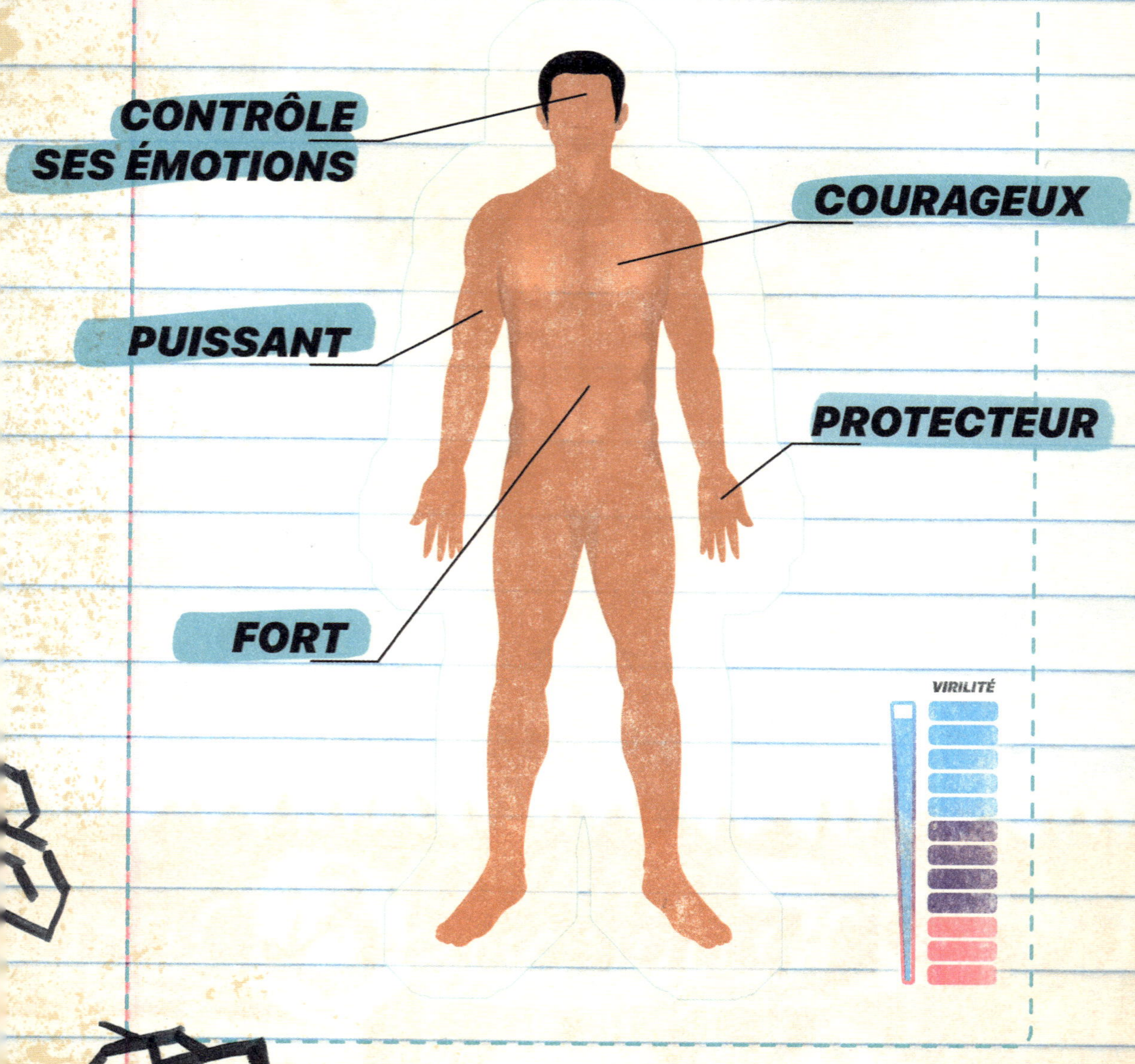

CE QU'ON ATTEND SOCIALEMENT D'UNE

Femme

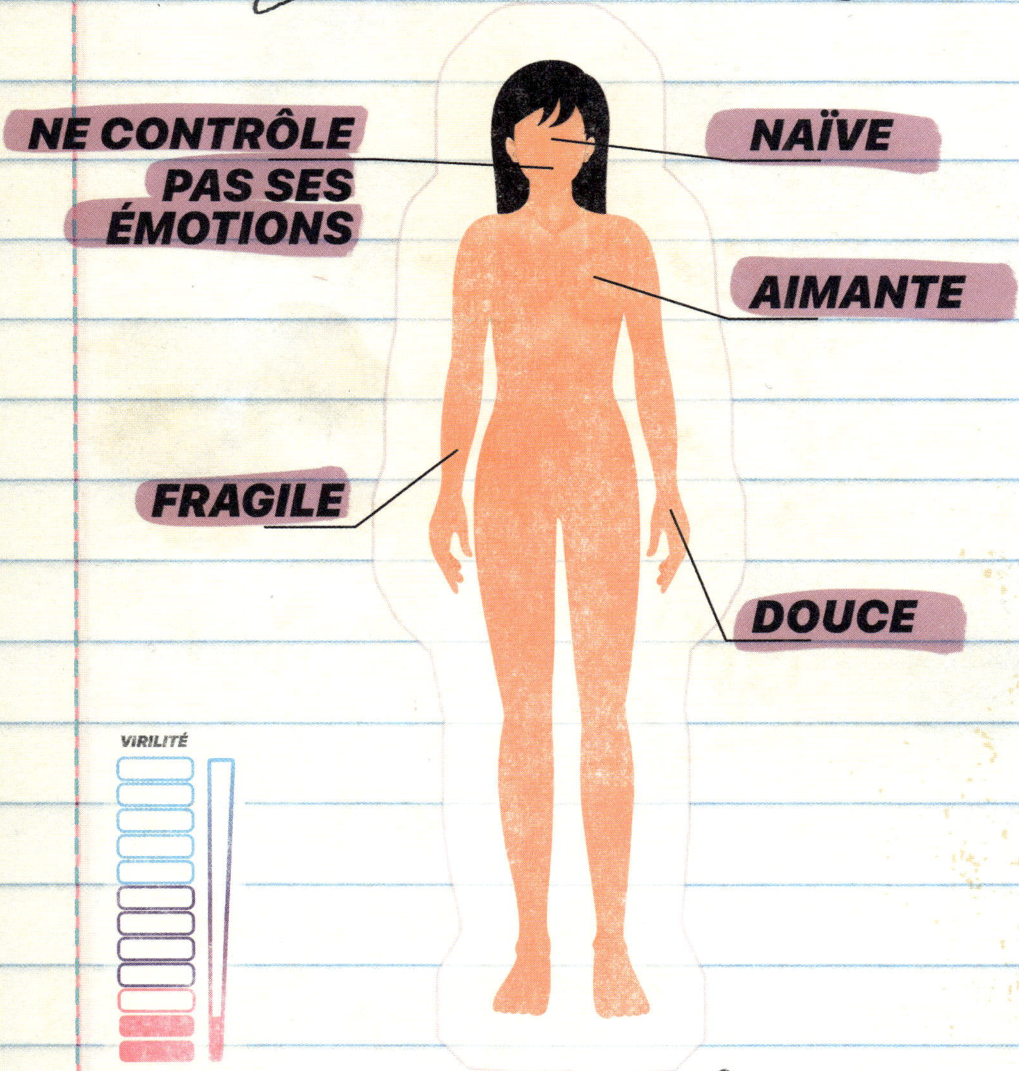

« T'ES UN HOMME OU T'ES PAS UN HOMME ? »

C'est donc à 7 ans que je compris que je n'avais pas les attributs qu'on attendait d'un garçon : j'étais plus faible physiquement, j'étais sensible et fuyais le conflit. L'émotivité étant très rapidement assimilée à de la fragilité, je devenais la proie idéale pour les groupes qui ressentaient le besoin de se rassurer sur leur virilité.

La violence chez les garçons est banalisée et il n'est pas rare de porter des coups « pour s'amuser ». Il suffit d'un échange de regards, d'une présence sur le chemin de l'autre, d'une histoire de détention de « propriété d'une fille », pour justifier un affrontement. Chaque interaction avec un autre garçon devient alors un enjeu de prouver sa virilité. De valider à chaque instant qu'on est dans la catégorie dominante des hommes : les courageux, les vaillants.

Je découvrais le début des comportements à risque, parce que les « vrais bonshommes » sont audacieux et osent tout. Des attitudes anodines pour des enfants, comme sauter d'un muret, qui peuvent se transformer à l'adolescence en consommation d'alcool et de drogues démesurée. On sait boire « comme un homme », pas comme une femme, au même titre qu'on sait se battre « comme un homme », pas comme une femme.

Ne faisant pas le poids physiquement, j'étais devenu la cible facile des garçons. Frapper un plus petit que soi était une prise de risque minime pour être accepté par le groupe.

**VOUS ÊTES-VOUS
DÉJÀ RENDU COMPTE
DU RAPPORT
DE DOMINATION
TACITE DANS
LE REGARD
DE DEUX MECS
QUI SE CROISENT
SEULS DANS
LA RUE ?**

SOIT ILS
ESQUIVENT
LE REGARD
DE L'AUTRE
PAR PEUR
DE **PROVOQUER**,
SOIT C'EST À
CELUI QUI
BAISSERA
LES YEUX
EN DERNIER

L'ÉCOLE À LA DURE

Je ne suis pas expert en harcèlement scolaire, mais il me paraît important d'aborder quelques conseils, puisque je vous livre ici mon expérience. Je vous donne des références de lecture en fin de livre si vous souhaitez approfondir le sujet et trouver des réponses à vos questionnements.

BRISER LE SILENCE

Le harcèlement scolaire reste un sujet tabou alors que c'est un phénomène très répandu. En tant que parent, il est très compliqué de savoir comment se positionner face à la détresse de son enfant. Et, quand on est enfant, le premier conseil qu'on nous donne, c'est : parles-en à un adulte (qu'il s'agisse de ses parents, du corps enseignant...).

Je suis en accord total avec ce conseil, car l'isolement facilite le harcèlement et détruit encore plus la confiance en soi. Mais j'ai pu constater qu'en parler à des adultes peut aussi aggraver la situation parce qu'ils ne savent pas comment se placer à leur tour.

LES SIGNES D'UN ENFANT HARCELÉ À L'ÉCOLE

- Ne pas vouloir aller à l'école
- Fatigue constante
- Marques physiques
- Échec scolaire
- Isolement

COMMENT AIDER ?

Voici quelques conseils pour les adultes (parents, enseignants, etc.) qu'on a appliqués ou que j'aurais aimé qu'on applique avec moi :

1. HABITUEZ L'ENFANT À PARLER DE TOUT AVEC VOUS

De ses émotions et ses anecdotes, positives comme négatives. Si l'enfant est habitué à discuter avec vous et qu'il vous parle de harcèlement, c'est qu'il est assez en confiance pour demander de l'aide. Et c'est cette première étape la plus importante.

2. NE VOUS PRENEZ PAS POUR UN JUSTICIER

La première réaction est de vouloir régler le problème à la place de l'enfant. Et c'est normal, on se sent plus responsable, moins naïf, mieux armé face à la vie. Il demande de l'aide et l'adulte pense être en capacité de résoudre la situation.

Or, cela envoie le message à l'enfant qu'il est impuissant face à la situation et, si cela se reproduit, il n'aura pas d'autre solution que d'attendre des résolutions extérieures.

De plus, j'ai remarqué que, bien souvent, la réponse du corps enseignant est de sanctionner le harceleur, ce qui fait naître chez ce dernier une profonde envie de vengeance sur l'enfant harcelé (et lui devient encore plus anxieux de la situation).

Attention : si vous êtes témoin de violences sur un enfant totalement impuissant, le message n'est évidemment pas de lui dire de se défendre tout seul en regardant ce qui se passe. La protection et la défense sont primordiales.

3. PLACEZ-VOUS EN ALLIÉ PLUTÔT QU'EN JUSTICIER

Rappelez à l'enfant qu'il n'est pas coupable du harcèlement dont il fait l'objet. L'enfant, manipulé par son harceleur, peut avoir développé un sentiment de culpabilité et être convaincu qu'il est responsable de ce qui lui arrive. C'EST FAUX. Placez-vous en allié pour lui donner la force de sortir de cette situation.

L'enfant harcelé n'est pas responsable du harcèlement.
Le rôle des adultes est de lui donner le soutien nécessaire pour sortir de cette situation.

Il est de la responsabilité des parents, des enseignants de ne pas agir en justicier solitaire, car cela entraîne le sentiment de sa propre impuissance chez l'enfant harcelé.

On devrait toutes et tous pouvoir devenir des alliés de confiance en qui trouver soutien et solutions.

CHOISIR SA ROUTE

LE PREMIER CHOIX DE MA VIE

C'est à 7 ans que j'ai été confronté à cette situation complexe qui allait se répéter tout le reste de ma vie : prendre une décision. Ça me paraît important de m'arrêter un peu là-dessus car c'est une des choses universelles dans laquelle on peut toutes et tous se retrouver. Comment faire un choix ? Comment éviter de prendre la mauvaise décision ?

Je vous embarque à cette époque, lors de mon premier choix décisif : je suis dans le cabinet du médecin, spécialisé en traitement hormonal chez les enfants qui ont un retard de croissance. Mes parents sont présents (peut-être uniquement ma mère ; j'ai l'impression que mon père était absent, je ne sais pas si c'est ma mémoire qui me joue des tours… mais je reviendrai justement sur mon père un peu plus tard dans ce livre).

Je vous rappelle le contexte. J'ai 7 ans, je me fais harceler à l'école à cause de ma taille, je commence à comprendre que je vais devoir me construire en tant qu'homme dans une jungle où on ne m'a pas donné toutes les armes. J'entends parler pour la première fois d'hypophyse, d'hypothalamus, et autres termes scientifiques qui me paraissent encore assez flous aujourd'hui. On me fait comprendre qu'une partie de mon cerveau est déficiente et n'agit pas normalement sur ma croissance.

À ce moment-là, le médecin nous expose les deux possibilités qui s'offrent à moi.

POSSIBILITÉ 1

Je ne prends pas de traitement hormonal et, peut-être que, par magie, mon hypophyse se mettra à sécréter des hormones de croissance avant l'âge adulte, pour « rattraper mon retard ». Un scénario très incertain mais sans contrainte de traitement.

POSSIBILITÉ 2

J'accepte un traitement hormonal qui va booster mon hormone de croissance pour reprendre une courbe « normale » et rattraper mon retard de taille. Mais cela impliquera quelques années d'hospitalisations et d'analyses pour trouver le traitement adapté. Une fois le bon traitement choisi, je devrai effectuer une injection quotidienne jusqu'à la fin de ma croissance.

Petite anecdote pas si croustillante : cette médication avait été controversée quelques dizaines d'années plus tôt car il s'agissait de traitement à base d'hypophyse naturelle extraite directement sur des cadavres (bonne ambiance). En 1980, on a constaté des décès d'enfants prenant ce traitement, car les hormones de croissance étaient infectées par l'agent de la maladie de Creutzfeldt-Jakob. Quand on me présente cette option, cela fait une petite dizaine d'années que ce traitement est remplacé par de l'hormone synthétique en laboratoire. Il y avait donc assez peu de recul sur les potentiels effets secondaires.

Aujourd'hui, je me rends compte que mes parents ont été extraordinaires. Ils m'ont responsabilisé dans ce choix à un âge où on me préparait encore mon goûter pour la récré. C'est cette première prise de décision qui a guidé les chemins que j'ai empruntés par la suite, et cela continuera probablement le reste de ma vie. Mes parents m'ont donc accompagné mais laissé l'entière responsabilité dans ma prise de décision. Et j'ai accepté le traitement.

J'ai accepté les hospitalisations, la médication sur plusieurs années, la prise de risque des effets secondaires parce que, pour moi, tout cela était plus supportable que la pression et l'exclusion du groupe. J'avais enfin ma porte de sortie du harcèlement.

J'ai connu quelques années de tests en hôpital, avec des moments très compliqués, des montées de fièvre hallucinogène, des nuits à me faire pomper le sang à intervalles réguliers, puis 7 ans d'injection quotidienne. Je me rappelle la première fois qu'une infirmière m'a expliqué comment j'allais effectuer mes piqûres moi-même, chaque soir. Je suis reparti à la maison avec mon kit. J'ai dû rester assis sur mon lit une bonne heure, la seringue à la main, tremblant. Puis c'est devenu une habitude. Mes rendez-vous réguliers chez le médecin montraient des signes encourageants sur la reprise de ma croissance. Je restais plus petit que mes camarades mais l'écart ne se creusait pas.

J'ai vécu toutes ces étapes avec motivation et sans regret parce que c'était MON choix. Et je pense que c'est la clef de tout investissement dans un projet perso ou pro : est-ce que je fais quelque chose qu'on m'impose, ou suis-je là où j'ai choisi d'être ?

Je suis persuadé que mon traitement hormonal n'a pas été l'unique raison de mon acceptation par le groupe. Il a été le déclencheur de quelque chose. Ce fut le déclic qui m'a envoyé le signal pour reprendre ma vie en main. En sachant que j'avais une porte de sortie pour devenir « comme tout le monde », je me suis mis à développer une plus grande confiance en moi et, paradoxalement, j'ai compris que le physique n'était pas l'unique composante de la vie en société. Cette prise de conscience fut un vrai point de départ pour expérimenter l'humour, la repartie, et le pouvoir de l'éloquence pour s'affirmer pleinement dans un groupe.

Je n'ai pas acquis plus de confiance en moi simplement en acceptant ce traitement hormonal. Cet unique choix n'a pas réglé l'intégralité de mes problèmes à l'époque. Mais il a enclenché une multitude d'autres prises de décision positives. Aujourd'hui, quand je suis dans l'indécision à cause de la peur, j'aime lister deux, trois choix de vie que j'ai faits et qui m'ont rendu plus fort, grâce aux épreuves qu'ils m'ont fait traverser. Ce traitement hormonal, qui a été une prise de décision avec un impact sur 10 ans, fait partie de ces choix qui me rendent fier et courageux.

Avec le recul, ce traitement n'a pas fait de moi un homme plus fort, mais un humain plus confiant. Plus à l'aise avec lui-même et plus serein concernant l'impact de ses choix sur sa vie.

MA COURBE DE CROISSANCE

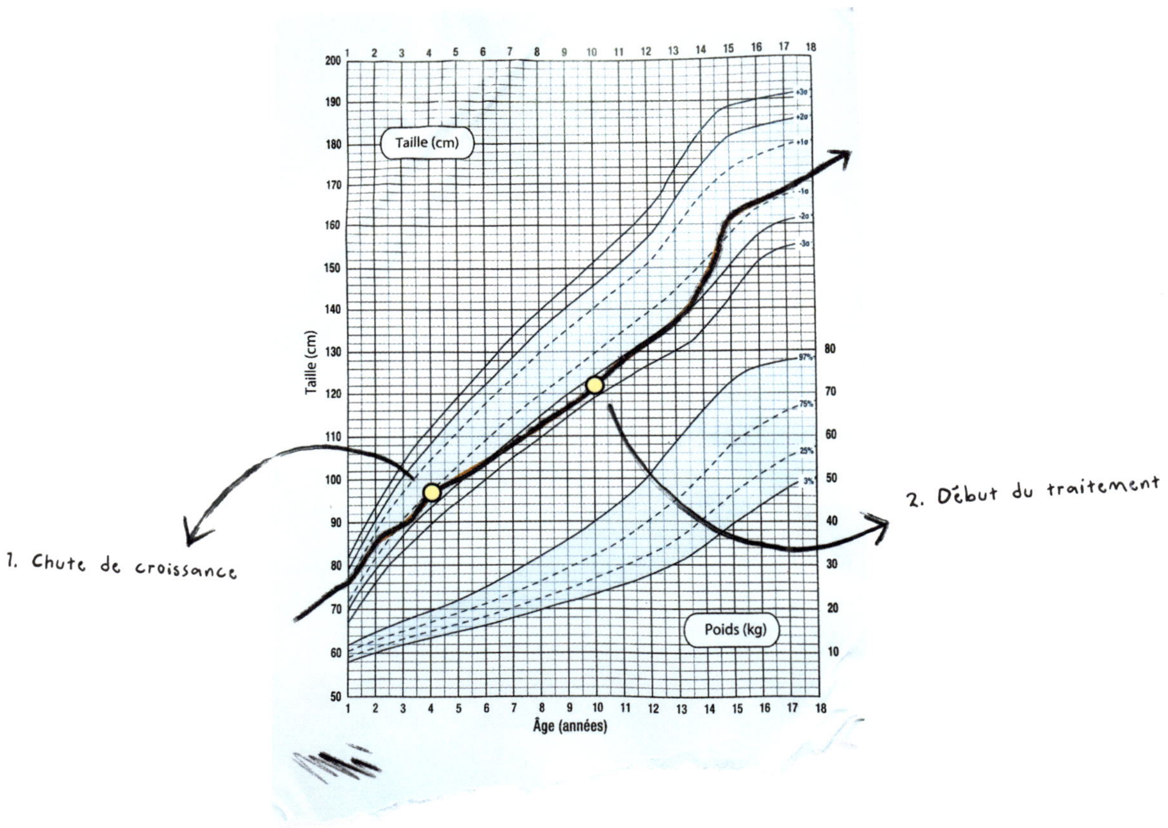

COMMENT PRENDRE DES DÉCISIONS SEREINEMENT ?

Maintenant que je vous ai raconté le premier vrai choix important de ma vie, j'aimerais partager avec vous ce que j'ai pu apprendre sur les prises de décision. Enfant, adolescent, adulte, j'ai toujours eu l'image de celui qui fait des choix insensés, qui sort des sentiers battus. On a longtemps essayé de me faire croire que je prenais les mauvaises décisions, que je faisais les choses de manière irrationnelle, et j'ai mis du temps avant de pouvoir verbaliser ma manière de fonctionner.

Si vous êtes dans une situation de flou, que vous avez peur de prendre la mauvaise décision, ou que vous êtes paralysé·e face à deux chemins à emprunter, peut-être que ces quelques points vous aideront.

Voici ce que j'ai appris

1.

Aucun choix n'est, dans l'absolu, décisif

C'est l'accumulation des choix qui est déterminante. J'aime me rappeler la succession de choix que j'ai pu faire avec quelques années de recul. Souvent, on se rend compte que « tout s'est bien goupillé ».

Parce qu'un choix a amené une situation, qui a offert un autre choix vers une nouvelle situation, etc. Et finalement, il faut appréhender nos choix dans leur globalité, car pris isolément, ils n'ont pas un impact si important que ça sur le long terme.

2. Se reconnecter à son intuition

C'est un conseil assez complexe à appliquer car on est éduqué à la logique, au bon sens. On pèse le pour et le contre et on prend une décision en fonction, quitte à ce qu'au fond de nous, on ressente un petit goût amer.

Cette phrase de Sigmund Freud m'a marqué : « S'agissant de prendre une décision mineure, mieux vaut poser le pour et le contre, mais face à une décision vitale, la décision doit venir de l'inconscient, du plus profond de nous. »

Je pense sincèrement qu'on devrait apprendre à se reconnecter à notre intuition (on en a toutes et tous une). Les vraies bonnes décisions sont celles qu'on ressent au fond de nous (sortez les violons).

Les choix les plus importants que j'ai faits dans ma vie ont toujours été, aux yeux des autres, des erreurs ou des prises de risque insensées. Mais ils étaient tous guidés par mon intuition profonde d'aller là où j'avais envie d'être et d'évoluer.

RATIONALITÉ VS INTUITION

FAITES DES MAUVAIS CHOIX

3.

Il n'y a pas de mauvais choix

Quand j'ai commencé mon master, je savais que j'entamais mes dernières années d'étude avant la vie active. J'ai toujours privilégié les formations en alternance pour évoluer dans le concret du monde du travail tout au long de mes études.

J'avais donc une entreprise à trouver pour deux ans avant d'obtenir mon dernier diplôme.

J'ai voulu expérimenter quelque chose de nouveau : faire un mauvais choix volontairement (oui, ça paraît chelou, mais ça va devenir logique, vous allez voir).

Mon constat était simple : j'allais entrer dans la vie active sans savoir ce que je détestais faire. J'avais eu, jusque-là, des expériences en entreprise que j'avais plus ou moins aimées, mais qui correspondaient à mes envies et mes aspirations. Je voulais donc être certain que ce qui paraissait ne pas me correspondre était bien à la « non-hauteur » de mes attentes (vous me suivez ?). J'ai intégré volontairement une grosse entreprise dans un domaine qui ne me plaisait pas. Je suis resté 5 mois, cela m'a confirmé que ce n'était ni le milieu dans lequel je voulais évoluer ni les tâches que je voulais effectuer dans ma vie. C'était donc un très mauvais choix et, sur le coup, ça m'a même rendu malheureux.

Mais c'était une étape obligatoire, de mon point de vue, pour prendre par la suite ce qui me paraît être de « bonnes » décisions aujourd'hui. Cette expérience m'a appris sur moi, mes envies, et ce « mauvais » choix m'a aidé à faire les bons par la suite.

J'ai suivi mon intuition, j'ai démissionné et j'ai trouvé rapidement un nouveau travail dans ce qui me plaisait pour valider mon diplôme (dans l'entreprise qui m'a embauché par la suite). Et, malgré tout, je me rappelle que mes camarades de classe ne comprenaient pas que je prenne le risque de quitter cette grosse entreprise qui me payait bien et m'offrait un certain confort pour mes deux années d'étude.

La rationalité *vs* l'intuition, toujours.

Donc si vous avez fait des mauvais choix, ou si vous avez peur d'en faire, rappelez-vous que l'important ce n'est pas le choix en lui-même mais ce que vous en faites et les leçons que vous en tirez. Chaque choix n'est qu'une étape, jamais une fin.

Aussi, chaque épreuve de vie, bonne ou mauvaise, construit la personne que l'on est. D'ailleurs, ma question préférée est : quelle épreuve de votre vie a fait la personne que vous êtes aujourd'hui ? On a toutes et tous un ou plusieurs événements qui nous viennent en tête, et souvent des moments négatifs qui nous ont, finalement, rendus plus forts pour la suite. Alors faites des mauvais choix !

SI JE DEVAIS PARTAGER AVEC VOUS LA TECHNIQUE QUE J'AI EXPÉRIMENTÉE, QUI FONCTIONNE LE MIEUX POUR MOI, CE SERAIT CELLE QUI ALLIE LE RATIONNEL ET L'INTUITION :

ÉTAPE 1

Peser le pour et le contre, énumérer en quoi ce choix peut se mettre au service de votre projet à long terme (on démarre sur du rationnel, tranquillou).

ÉTAPE 2

Faire une tâche qui ne demande aucune sollicitation intellectuelle. Moi, je vais marcher par exemple. Certains vont préférer faire un puzzle, prendre une douche, monter à cheval, courir… bref, déconnectez votre cerveau.

ÉTAPE 3

Revenir plus tard sur le choix et se fier à ce que l'on ressent. Après avoir pris du recul rationnellement sur la situation, je finis toujours par me reconnecter à mon intuition. Que reste-t-il comme sensation au fond de moi ?
En vérité, on connaît le bon choix à prendre pour soi, si on s'écoute vraiment.

Rappelez-vous qu'on regrette toujours plus le choix qu'on n'a pas fait que celui qu'on a fait.

On peut mesurer les conséquences d'une décision prise, mais également en tirer des conclusions et rebondissements positifs, alors qu'on fantasme toujours sur un choix qu'on n'a pas fait, car on ne saura jamais là où il nous aurait emmenés.
Je suis sûr que vous avez en tête quelqu'un de votre entourage qui « est passé à côté de la carrière de sa vie parce qu'il a manqué tel événement ou qu'il n'a pas fait tel choix à un moment précis » et qui rabâche cela, s'enfermant dans sa névrose.

L'important ce n'est pas le choix,
c'est d'en faire.

COMMENT AVOIR CONFIANCE EN SOI ?

1. Travaille sur tes points faibles.
2. Teste des petites actions très régulièrement.
   (Plutôt que de grands projets rarement)
3. Pour deux actions réconfortantes,
   fais une action qui te fait peur.
   (Sors de ta zone de confort)
4. Fais ça tout le temps.
   (La confiance en soi, ça se nourrit au quotidien)

PLUS
TU TE
PROUVES
QUE TU
SAIS FAIRE,
PLUS
TU SAIS
FAIRE

LES COMPLEXES

J'ai été complexé très longtemps
par mon nez cassé
et mes oreilles décollées.

Jusqu'à ce que je découvre
Jamie Bell adulte.

Trouvez des role models stylés
qui vous ressemblent.

PERDU D'AVANCE

Alors que je découvrais que j'étais un garçon et que cela impliquait une certaine posture sociale, avec des comportements définis, mon enfance se transformait en une véritable quête d'identité.

Pour rattraper mon retard de croissance, j'acceptai donc de me lancer dans un traitement hormonal et, dans le même temps, ma mère m'avait inscrit au jiu-jitsu et au judo, car elle voyait la défense (et donc le combat) comme une chose indispensable entre garçons. Et ce, même si je prenais bien plus de plaisir à dessiner, faire du théâtre et de la décoration.

Je commençais à me faire des amis et m'habituais à la vie en société, j'avais intériorisé les codes virils. J'avais développé un sens de la repartie qui me permettait de prendre l'ascendant psychologique sur les autres garçons en cas de conflit. Et surtout, je plaisais à quelques filles mais n'en jouais pas, ce qui me garantissait le respect des autres garçons, sans devenir une vraie concurrence.

Malgré tout, j'avais 8 ans et je me sentais profondément différent. J'attendais ma lettre de Poudlard qui m'annoncerait que mon mal-être était normal, que le décalage que je ressentais face aux autres s'expliquait très simplement. Un petit « Tu es un sorcier, Benjamin » de la part de Hagrid aurait tout éclairci. Car, pour survivre dans cette jungle virile acceptée et alimentée autant par les garçons que par les filles, je ne pouvais pas assumer ma sensibilité trop pesante.

C'est à cet âge que j'ai découvert ce que je devrais cacher aux yeux de tous pour être accepté en tant qu'homme : mon hypersensibilité.

COLLÈGE POUDLARD
ÉCOLE DE SORCELLERIE

Cher M. Nevert,

Nous avons le plaisir de vous informer que vous bénéficiez d'ores et déjà d'une inscription au collège de Poudlard. Vous trouverez ci-joint la liste des ouvrages et équipements nécessaires au bon déroulement de votre scolarité.

La rentrée étant fixée au 1er septembre, nous attendons votre hibou le 31 juillet au plus tard.

Veuillez croire, cher M. Nevert, en l'expression de nos sentiments distingués.

Minerva McGonagall
Directrice adjointe

CHAPITRE 2

UN GARÇON, ÇA NE PLEURE PAS

Déf. **HYPERSENSIBILITÉ**

nom féminin

- Perception exacerbée des sensations, émotions, sentiments et intuitions.

COMMENT J'AI DÉCOUVERT MON HYPERSENSIBILITÉ

À L'ÉCOLE DES X-MEN

Ce chapitre me tient particulièrement à cœur, car il aborde la partie de moi que j'ai essayé de camoufler pendant une période de ma vie ; je pensais que c'était ma plus grande faiblesse, avant de comprendre la force immense que l'hypersensibilité représentait.

Petit, j'étais fan de X-Men : je pensais que j'étais un mutant, j'avais pour rêve d'intégrer l'école du professeur Xavier. Ce sentiment de différence et de solitude est arrivé très tôt dans ma vie mais j'ai commencé à mettre des mots dessus après un événement qui, vu de l'extérieur, peut paraître futile et anodin. Or, de l'intérieur, c'est loin d'être le cas : il existe un réel écart de vécu entre une personne hypersensible et son entourage. Cela provoque trop souvent des difficultés de compréhension entre les deux : ainsi, la première se retrouve accusée de sur-réagir ou d'en faire trop alors que l'expression de ses émotions correspond à l'intensité de ce qu'elle vit intérieurement.

CHAQUE ÉMOTION EST UN MESSAGE UTILE À DÉCRYPTER SUR L'INSTANT, POUR APPRENDRE À MIEUX SE CONNAÎTRE

LES GÂTEAUX M'ONT MIS LA MISÈRE

J'ai découvert mon hypersensibilité à l'âge de 8 ans. Je me souviens parfaitement de la scène : dans la cour de récréation de mon école primaire, une élève un peu plus jeune que moi, une parfaite inconnue, sort son goûter de son sac. Je partage alors le bonheur absolu qu'elle éprouve pour ce moment magique de notre enfance (encore magique pour moi à 30 ans, OK, j'avoue).

Sauf qu'elle fait tomber ses gâteaux par terre. Le temps s'arrête alors pour moi : ce moment joyeux et innocent se transforme en un triste tableau, exprimant la solitude et l'injustice ressentie par cette petite fille. Elle avait dû attendre une bonne partie de la journée pour savourer ces gâteaux préparés avec amour par sa mère.

Sa mère qui l'avait sûrement rappelée à la dernière minute le matin même car elle avait failli partir sans son goûter, ce petit symbole de douceur parentale, ce seul repère réconfortant dans la jungle qu'est l'école. Tout ça réduit à néant par un geste maladroit.

Voilà une bonne introduction pour (essayer de) comprendre ce qu'il se passe dans la tête d'un hypersensible. Je me rappelle encore l'immense tristesse que j'avais en moi à cet instant : je me suis mis à pleurer toutes les larmes de mon corps au milieu de la cour de récré, avec l'impression de ressentir intensément les émotions de cette petite fille.

J'avais donc 8 ans et je découvrais mon hypersensibilité au milieu de cette cour de récré. J'ai pris conscience, à ce moment-là, que ce lourd fardeau ne disparaîtrait pas. Malheureusement, le professeur Xavier n'est jamais venu me chercher.

L'HYPERSENSIBILITÉ, C'EST QUOI ?

Quand j'ai commencé à m'intéresser à l'hypersensibilité, par moi-même ou via des psychologues et psychiatres, j'ai découvert la multitude de termes que l'on employait pour la désigner, et surtout son évolution à travers le temps et les courants de pensée ; on m'a beaucoup parlé de surdoué, de zèbre, de TDAH (trouble de l'attention et hyperactivité), de personnes « atypiques » ou encore « borderlines ».
Je ne me suis jamais retrouvé à 100 % dans ces différents termes et les définitions qui en découlent. J'étais tiraillé entre l'envie de comprendre qui j'étais et le besoin de ne pas être enfermé dans une case.

AVEC OU SANS DIAGNOSTIC

À 17 ans, je ne me sentais plus à ma place et plus rien n'avait de sens. Ce que beaucoup qualifiaient de « crise d'adolescence » me paraissait être bien plus profond chez moi, comme si cette crise avait commencé longtemps auparavant, comme si cet état était ancré en moi.
J'ai été diagnostiqué hypersensible à 8 ans, après l'épisode des gâteaux. Mais, depuis toujours, je me sentais en décalage avec les gens qui m'entouraient : mes camarades de classe, le corps enseignant, ma famille. Je posais beaucoup de questions existentielles et je cherchais du sens dans chaque chose qui arrivait, qui existait. Je constatais que mes crises de colère, tout comme mes moments de joie, étaient plus intenses que chez les autres. Je rejetais l'autorité ainsi que les personnes qui ne dévoilaient pas leurs émotions (encore aujourd'hui, j'ai du mal à créer du lien avec des personnes «froides» ou qui ne s'ouvrent pas aux autres, alors qu'elles ne sont pas pour autant dénuées d'émotions).

J'avais une foi énorme en ma créativité et mon imagination, sans arriver à les exprimer comme je le souhaitais. Ma seule échappatoire à ce sentiment de décalage avec les autres était de me réfugier dans les histoires que je m'inventais.
Pourtant, et c'est peut-être un peu paradoxal, je n'étais pas un enfant solitaire. J'avais beaucoup d'amis. Les relations humaines m'ont toujours fasciné. J'ai d'ailleurs parlé très tôt pour pouvoir converser avec les adultes. Je me suis découvert une passion pour chaque individu et la richesse des différences de chacun.

Finalement, mon moteur de vie a toujours été de trouver des solutions pour passer mon temps à faire et à vivre exclusivement des choses qui ont du sens pour moi, celles qui me permettent d'être aligné avec mes valeurs tout en prenant en compte mon besoin d'équilibre social.

Y A-T-IL UNE MODE DE L'HYPERSENSIBILITÉ ?

En mettant de côté la signification étymologique du terme « hyper+sensible », il est difficile de trouver une définition satisfaisante et unique de l'hypersensibilité. L'ensemble des éléments que je viens d'aborder et qui concernent ma propre expérience sont des pistes de ce que peut recouvrir cette notion, qui a des réalités multiples et variées. C'est justement grâce à ce flou que le terme « hypersensible » est devenu très à la mode et, si vous suivez de nombreux comptes Instagram qui en parlent, vous pourrez même y retrouver des définitions contradictoires ! De même, j'ai lu beaucoup de livres sur l'hypersensibilité : si certains me laissaient complètement de marbre, d'autres me faisaient sautiller à chaque page en m'écriant : « Mais c'est moi qu'il décrit là, c'est TROP moi ! »

Si cette « mode » a permis d'ouvrir la discussion sur le sujet de l'hypersensibilité, elle est aussi à l'origine d'un certain rejet ou déni, qui associe ce terme à une « invention de bobo », un peu comme le serait « l'intolérance au gluten ». Je me souviens également du terme de « douillet affectif » qui faisait passer les hypersensibles pour des personnes fragiles, possédant les mauvaises armes pour affronter les dures réalités de la vie. On tombe donc vite dans une simplification, voire une caricature de ce que peut être l'hypersensibilité. J'ajouterai à cela que certains utilisent cette notion pour expliquer leurs actions et réactions avec des excuses du type « Je suis comme ça, je suis hypersensible, ce n'est pas ma faute » : or, parfois, cela n'a rien à voir et ça continue à nourrir les clichés.

Cette multitude de définitions, cet effet de « mode » et ces préjugés autour de la notion d'hypersensibilité ont fait que, pendant longtemps, j'ai rejeté cette étiquette, je ne voulais pas être catalogué « hypersensible ». Pourtant, aujourd'hui, j'ai accepté ce terme, il fait partie de moi. Il m'a fallu du temps pour comprendre qu'une case ou une étiquette peut être utilisée comme un outil (et non une cage) pour aller mieux et vivre plus apaisé. Je raconte un peu plus loin (voir p. 64) comment je vis chaque jour avec mon hypersensibilité et, qui sait, peut-être que vous vous reconnaîtrez !

LES CLICHÉS SUR L'HYPERSENSIBILITÉ

Avant de décrire des situations concrètes de ma vie, j'aimerais revenir sur des choses qu'on m'a dites, que j'ai lues et que j'estime dangereuses dans nos attitudes et nos comportements.

Pour tous les hypersensibles et leur entourage, rappelez-vous que :

L'HYPERSENSIBILITÉ N'EST PAS UNE MALADIE.

IL N'Y A RIEN À SOIGNER, PAS DE TRAITEMENT MÉDICAL À AVOIR. EN REVANCHE, SI LES PERSONNES HYPERSENSIBLES EN RESSENTENT LE BESOIN, ELLES PEUVENT AVOIR UN SUIVI PSYCHOLOGIQUE QUI LES AIDERA À MIEUX SE COMPRENDRE ET À AVANCER PLUS SEREINEMENT DANS LEUR VIE.

LES GENS HYPERSENSIBLES NE SONT PAS SUPÉRIEURS AUX AUTRES.

ILS ONT LE MÊME CERVEAU QUE LES AUTRES ! ON A LONGTEMPS CRU QUE LES PERSONNES HYPERSENSIBLES UTILISAIENT MIEUX L'HÉMISPHÈRE DROIT DE LEUR CERVEAU QUE LE RESTE DE LA POPULATION.

SPOILER : C'EST FAUX.

LES ÉTUDES ONT PU SEULEMENT DÉMONTRER UNE ACTIVATION PLUS INTENSE DES CENTRES DE LA DOULEUR ET DES NEURONES MIROIRS, CE QUI EXPLIQUE UNIQUEMENT L'EMPATHIE ACCRUE ET LA SENSIBILITÉ EXACERBÉE. CECI N'A RIEN À VOIR AVEC UNE PLUS GRANDE INTELLIGENCE OU N'IMPORTE QUEL CRITÈRE DE HIÉRARCHISATION DE LA VALEUR D'UN ÊTRE HUMAIN (QUE CERTAINS PEUVENT REVENDIQUER).

L'HYPERSENSIBILITÉ N'EST PAS UNE MANIÈRE D'ATTIRER L'ATTENTION SUR SOI.

NE CONFONDONS PAS ÉGOCENTRISME ET SENSIBILITÉ.

L'HYPERSENSIBILITÉ N'EXCUSE PAS TOUS LES ACTES.

ON VIT TOUTES ET TOUS AVEC UNE SENSIBILITÉ PLUS OU MOINS GRANDE MAIS ELLE NE PEUT ÊTRE À AUCUN MOMENT CONSIDÉRÉE COMME UNE FATALITÉ QUI EXCUSERAIT NOS ACTES. CHACUN DE NOUS EST RESPONSABLE DE SON COMPORTEMENT.

L'HYPERSENSIBILITÉ N'EST PAS UNE CARTE JOKER POUR SE DONNER UN RÔLE DE VICTIME.

LES HYPERSENSIBLES NE SONT PAS UNIQUEMENT DES INTROVERTIS CRÉATIFS.

LE PRISME DE L'HYPERSENSIBILITÉ EST TRÈS LARGE ET INCITE À DES COMPORTEMENTS DIFFÉRENTS. J'AI EU DES PÉRIODES DE MA VIE PENDANT LESQUELLES MON HYPERSENSIBILITÉ M'A RENDU TRÈS INTROVERTI ET D'AUTRES OÙ ELLE EXACERBAIT, AU CONTRAIRE, MES COMPORTEMENTS EN SOCIÉTÉ.

Une personne introvertie est plus tournée vers elle-même et vers son monde intérieur (on l'oppose à une personne extravertie, donc très sociable, pour simplifier).

ES-TU HYPERSENSIBLE ?

Je n'invite globalement pas à l'autodiagnostic, mais pour toutes les personnes qui se posent des questions sur leurs émotions, voici ce que j'aurais aimé lire pour me sentir moins marginal et trouver des éléments de réponses à mes problématiques de pensées et comportements.

Plus concrètement, voici comment je vis mon hypersensibilité au quotidien. Si vous vous retrouvez dans une majorité de ces cas de figure, vous êtes sûrement hypersensible.

---

1. TOUT ME STIMULE TROP

Mes sens sont décuplés.
J'ai dû quitter certains concerts parce que les jeux de lumières m'aveuglaient.

J'ai beaucoup de mal à suivre une conversation s'il y a trop de bruits parasites car chacun m'atteint de la même manière, avec autant de force et de présence que la conversation que je suis censé suivre.

2. JE SUIS PERFECTIONNISTE

Je suis dans une recherche constante d'équilibre et du détail.

C'est parfois contre-productif ou déceptif, car rien n'atteint jamais le stade de perfection.

3. MES ÉMOTIONS FONT LES MONTAGNES RUSSES

Je passe très facilement d'une joie extrême à une tristesse immense.

Je suis rapidement submergé par mes émotions. Le monde extérieur peut très vite avoir des conséquences sur mon moral.

4. JE RESSENS UNE EMPATHIE INTENSE POUR LES AUTRES

Le bonheur des autres me rend profondément heureux, tout comme leur malheur peut m'accabler (voir l'anecdote p. 58).

5. J'AI BESOIN DE FAIRE PLAISIR AUX AUTRES ET J'AI PEUR D'ÊTRE REJETÉ

Je suis dans une recherche constante de validation par les autres.
Quitte à, parfois, m'oublier.

6. L'INJUSTICE EST LA CHOSE LA PLUS DIFFICILE À VIVRE

Je suis dans une quête permanente d'écoute et de justice. Malheureusement, nous vivons dans une réalité où l'on fait face chaque jour à des injustices.
Cela m'atteint profondément et c'est un véritable aspirateur énergétique.

7. JE FAIS RÉGULIÈREMENT DES INSOMNIES EN RESSASSANT LES ÉCHANGES DE LA JOURNÉE

Les pensées tournent sans arrêt dans ma tête : « Mais, quand il a fait cette blague, c'était gentil ou c'était mal intentionné ? », « Pourquoi je lui ai répondu ça ? Je l'ai peut-être blessé ! », etc.

8. JE FONCTIONNE PRINCIPALEMENT À L'INTUITION

Les tableaux « Pour » et « Contre » (pour faire un choix, par exemple) m'ont rarement rendu service. J'ai tendance à déjà savoir, au fond de moi, quelles sont les bonnes décisions à prendre.

9. J'AI BESOIN DE VIVRE DES RELATIONS UNIQUEMENT AUTHENTIQUES

Les mensonges, les relations par intérêt, les non-dits m'énervent facilement et m'angoissent.

10. L'URGENCE ET LES IMPRÉVUS ME METTENT EN COLÈRE

Les changements de dernière minute peuvent me paralyser et j'y réponds facilement par l'agacement et la colère.

11. LA FOULE M'ÉPUISE

En déménageant de la Normandie vers Paris, j'ai découvert le métro. Quelques trajets pouvaient me fatiguer car j'aspirais l'énergie négative qui y règne, elle s'imprégnait en moi (c'est toujours le cas aujourd'hui !).

A contrario, la foule d'un concert peut créer un trop-plein d'euphorie chez moi.

L'HYPERSENSIBILITÉ ET LA MASCULINITÉ

LES HOMMES PEUVENT-ILS ÊTRE HYPERSENSIBLES ?

Il n'y a, aujourd'hui, aucune étude qui prouverait que l'hypersensibilité touche plus les femmes que les hommes. Cette notion ne serait donc pas genrée. Pourtant, j'ai remarqué tout au long de mon adolescence, et encore à l'âge adulte, que ce sont principalement les femmes de mon entourage qui se revendiquent publiquement hypersensibles. Il a fallu que je commence à animer des émissions, à avoir une audience, et à en parler publiquement, pour recevoir des témoignages d'hommes qui se reconnaissaient dans ce que je décrivais. Certains ont la sensation de ne pas être pleinement eux-mêmes, d'avoir des comportements qui ne leur correspondent pas, de refouler leur vraie identité. Pire, ce sont principalement les hommes hypersensibles qui ont tendance à dénigrer l'hypersensibilité des autres pour mettre la leur à distance.

En effet, beaucoup d'hommes n'acceptent pas cette étiquette parce qu'on leur a interdit de manière consciente ou inconsciente un certain accès à la sensibilité. Pour tenter de comprendre cette situation, il faut explorer la piste de la construction genrée : ce n'est pas que, *biologiquement*, il existe peu de garçons hypersensibles mais plutôt que, socialement, on n'accepte pas le même degré de sensibilité chez les hommes et chez les femmes, donc selon le genre.
La douceur, l'empathie, la sensibilité ne font pas partie des caractéristiques attendues chez l'homme. L'hypersensibilité est considérée comme une atteinte à la virilité et ce, de manière systémique, autant par les hommes que par les femmes. Les gens qui m'ont reproché des comportements et attitudes liés à mon hypersensibilité ont été des mecs comme des meufs, et de toutes les générations.

J'ai des souvenirs très marqués de toutes les fois où on m'a reproché mon hypersensibilité.

En voici un extrait

« ARRÊTE DE PLEURER, T'ES PAS UNE FILLETTE. »

Mon institutrice

1995

« POURQUOI TU SOURIS ?
T'AS L'AIR IDIOT. »
Un camarade de classe
1998

« MONTRE QUE T'AS DES COUILLES ! »

Le grand frère d'un ami

2001

« T'ES TROP GENTIL, JE PRÉFÈRE LES MAUVAIS GARÇONS. »

Mon premier râteau

2004

« T'ES TROP FRAGILE POUR CE MÉTIER. »
Mon manager
2016

L'HYPERSENSIBILITÉ, LE PIÈGE DE LA MASCULINITÉ TOXIQUE

Quand on parle d'hypersensibilité chez les garçons, on a souvent l'image d'un adolescent fragile, timide et créatif, qui a tendance à se faire dominer. Cette réalité existe mais il me paraît essentiel de nuancer cette perception. Car, si beaucoup d'enfants et adolescents s'isolent pour pleurer, s'émerveillent avec naïveté et refoulent leurs sentiments, il reste encore une émotion acceptée socialement chez les hommes : la colère.

Les accès de colère peuvent faire partie intégrante des comportements de garçons hypersensibles. Contrairement à la peur et la tristesse, l'expression de la colère est plus facilement acceptée, parfois à tort, et peut entraîner des comportements dangereux.

On retrouve beaucoup d'hommes hypersensibles qui tombent dans ce qu'on appelle la « masculinité toxique ». En refoulant très tôt le droit à l'incertitude, au doute, au découragement, à l'inquiétude, à l'enthousiasme ou encore à la rêverie, ils développent les seuls comportements liés à la colère admis chez l'homme : la contrariété, l'indignation, la provocation, l'énervement, la rage, la domination, la violence.

Il est donc important de comprendre que l'hypersensibilité ne se place pas du côté du bien ou du mal dans l'humanité. Elle est un prisme large d'une sensibilité accrue, où l'éducation a une place primordiale pour tailler de la meilleure des manières des diamants bruts (pour les faire briller, pas pour les faire rentrer dans un moule, qu'on s'entende).

COMMENT GÉRER SES ÉMOTIONS ?

- Prendre conscience que chaque émotion a un sens.
- Se demander à chaque émotion : quel signal m'envoie mon corps ?
- Mettre des mots sur l'émotion.
(Assumer de dire « j'ai peur », « je suis en colère »…)
- Prendre du recul rapidement.
Exemple d'exercice : se regarder dans un miroir comme une personne extérieure pour s'observer, se questionner.
- Se reconnecter avec sa respiration : respirer et détendre ses muscles.
- Imaginer le monde en slip.
(Ça rend tout beaucoup moins difficile et sérieux).

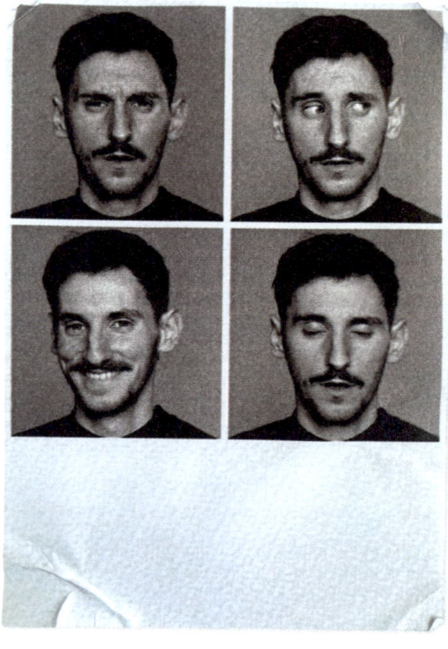

Si tes émotions t'effraient
et que tu ne te sens pas à la hauteur
de ce qu'on attend de toi...

Si tu étouffes qui tu es pour éviter la colère des autres,
leur déception, leur désapprobation...

Alors, ton besoin constant
de perfection refoule
des sentiments indispensables à ton équilibre.

Tu as le droit d'être imparfait.

LES SUPER-POUVOIRS
DE L'HYPERSENSIBLE

J'ai, pour l'instant, présenté des aspects assez négatifs et handicapants de l'hypersensibilité. Aujourd'hui, pourtant, je vis mon hypersensibilité comme un don que j'exploite au quotidien. Je n'échangerais pour rien au monde ma perception des choses, mon caractère, mes choix de vie.

VOICI QUELQUES EXEMPLES QUI FONT QUE L'HYPERSENSIBILITÉ EST UN DON EXTRAORDINAIRE

Avoir du recul sur le monde

Comprendre les gens

Avoir une intuition hors pair

Savoir s'engager pour des causes qui ont du sens

Respecter la diversité

Avoir envie d'aider

PEUT-ON VIVRE HEUREUX AVEC SON HYPERSENSIBILITÉ ?

Je vous ai parlé dans le chapitre précédent, du harcèlement scolaire que j'ai vécu (voir p. 26). Quand on a été victime de harcèlement, de critiques à répétition, on finit par enfouir au plus profond de soi ce qu'on croit être une faiblesse sociale. Une grande partie des personnes hypersensibles camouflent aujourd'hui leurs dons exceptionnels parce qu'on leur a fait croire qu'il s'agissait de lacunes handicapantes.

C'est un processus habituel que, pour ma part, j'ai également traversé pour me protéger : on se fait discret, on imite les comportements des autres, on fait disparaître tout signe de sensibilité qui nous éliminerait du groupe. Sauf que cette protection pour éviter le rejet devient peu à peu destructive de l'intérieur. En cherchant à devenir quelqu'un d'autre, on se perd. À avoir peur d'être soi, on en arrive à se persuader de ne pas avoir de place dans ce monde.

C'est ce qu'on appelle le « syndrome de l'imposteur ». J'ai longtemps essayé d'être quelqu'un d'autre en apparence : un adolescent qui gère ses émotions, qui n'a plus de questions existentielles, un homme que rien ne peut atteindre profondément.

Déf. **SYNDROME DE L'IMPOSTEUR**

nom masculin

- Croire sincèrement que ses succès sont le fruit
  exclusif de la chance ou d'une erreur,
  et jamais liés à son propre mérite.

  *Cela passe par le dénigrement de ses compétences,
  le manque d'estime de soi, le doute constant,
  la sensation de ne pas être légitime dans ce qu'on entreprend
  et d'en culpabiliser.*

Mon hypersensibilité était devenue l'anneau de Frodon[1] : son don sensationnel autour de mon cou n'était qu'un lourd fardeau qui m'empêchait de réussir. Mon besoin d'appartenance à un groupe et ma peur du rejet social avaient fabriqué une prison mentale où j'étais à la fois le gardien et le prisonnier.

J'étais déconnecté de mon vrai moi. J'avais enterré ma passion et mon émerveillement pour le monde.

C'EST FACE À CE CONSTAT QUE J'AI COMPRIS QU'IL Y AVAIT DEUX ISSUES :

ISSUE 1

Soit je continuais à étouffer mes dons quitte à développer des troubles de détresse émotionnelle, des migraines et des maux de ventre constants (pouvant aller jusqu'à des troubles obsessionnels compulsifs, dits TOC, chez certaines personnes) et, potentiellement, je risquais de vivre une crise existentielle à l'âge adulte avec une réelle perte de sens dans ma vie.

ISSUE 2

Soit je me reconnectais avec ce qui était inscrit en moi depuis toujours (l'amour, l'altruisme, l'assurance) et cultivais ma différence pour devenir l'exemple que je veux voir dans ce monde.

Alors si, comme moi, vous avez passé des nuits brumeuses d'insomnie à craindre vos émotions, vous n'êtes pas seul. À chacun de trouver la recette qui lui est propre pour vivre pleinement son potentiel.

Si cela peut vous donner des pistes,
voici ce que j'ai mis en place pour faire
de l'hypersensibilité mon alliée au quotidien

[1] Si vous n'avez pas la référence, c'est un peu tout l'enjeu de la saga de livres et de films *Le Seigneur des anneaux*.

1.
Acceptez d'exprimer vos émotions

Pour ne plus voir l'hypersensibilité comme une faiblesse, il faut l'accepter tout entière. Je m'autorise à vivre des émotions en les exprimant.

Quand je suis triste, vexé, enthousiaste, en colère, je l'accepte. Vous pouvez choisir de ne pas les exprimer avec tout le monde, en vous entourant de personnes de confiance avec qui vous pouvez être vous-même. Mais ces émotions, si elles existent, doivent être extériorisées pour vous libérer.

Cette authenticité est la première étape pour accepter pleinement qui vous êtes. C'est, à mon sens, le point indispensable pour pouvoir appliquer les conseils suivants.

2.
Ne prenez pas de décision sous le coup de l'émotion

L'hypersensibilité nous fait vivre des moments très intenses, qui peuvent altérer nos actes et nos paroles. Je sais que mes émotions sont le moteur de ma créativité mais aussi de mon improductivité.

Pour éviter toute prise de décision ou échange que je pourrais regretter (sous le coup de la colère, par exemple), je prends mes distances et je m'isole pour vivre pleinement une émotion sans l'imposer à mon entourage. Lors d'une dispute, j'accepte de ne pas m'emporter face à l'autre, de mettre la discussion en pause pour y revenir avec plus de recul.

Ces moments de mise à l'écart n'ont pas vocation à fuir ou ne jamais prendre de décision : ils servent juste à faire et dire les choses en pleine conscience.

3.
Créez des situations pour vous exprimer

Je suis partisan de ne pas attendre le bonheur mais de le vivre dans l'instant présent en composant avec ce qu'on a. Quand je m'ennuyais à l'école ou lorsque j'exerçais un travail qui ne m'épanouissait pas, je trouvais le moyen de créer en dehors des heures imposées. Créez vos instants de bonheur tout de suite. Lancez un projet, testez de nouvelles choses, donnez du sens à ce que vous faites.

4. Entourez-vous de personnes fiables et honnêtes

Les hypersensibles sont des « éponges ». Régulièrement, je me demande ce que les personnes qui m'entourent me font ressentir.

Au-delà d'événements notables et d'arguments factuels, je me pose des questions plus générales, comme : « Quelle énergie m'apporte cette personne ? », « Est-ce que cette personne apporte du bonheur à ma vie ? », « Est-ce que cette personne m'empêche d'être pleinement naturel ? », etc.

Que ce soit en amitié, au travail ou en amour, j'ai souvent été attiré par des personnes toxiques, ayant une notion destructrice des relations. Il m'a fallu un long cheminement pour arrêter de répéter ce schéma.

Entourez-vous de personnes qui vous écoutent et qui ont l'empathie nécessaire pour créer une vraie relation de partage. J'ai sorti de ma vie, au fur et à mesure, les personnes qui m'imposaient leur rythme, qui me culpabilisaient, qui ne respectaient pas mon consentement, qui me rabaissaient (frontalement ou par l'humour).

Les hypersensibles sont dans une recherche constante de plénitude. C'est ce qui m'amène à créer un espace sécurisant, qui me nourrit intellectuellement au quotidien. Cela passe par l'entourage, le logement, le travail, le rythme de vie, etc.

5. Demandez de l'aide

Ce conseil est la continuité logique du précédent. On m'a très tôt fait comprendre que j'étais différent. Me sentant incompris par tout le monde, je me suis habitué à tout faire tout seul, sans demander d'aide. Mais contrairement à ce que beaucoup d'entrepreneurs et artistes peuvent dire : non, personne ne « se fait tout seul ». Demander de l'aide quand la pression est trop forte, quand on se sent seul, pas assez compétent, perdu ou paralysé par ses peurs, c'est nécessaire et libérateur. Depuis que j'apprends à m'entourer des bonnes personnes, je prends plaisir à demander aide et conseil autour de moi (et à déléguer à mon équipe dans le cadre du travail !).

Ce n'est pas une marque de faiblesse mais une preuve de courage.

6.
Marchez

Les moments de décompression sont nécessaires. Chacun trouvera sa technique. La mienne, c'est de marcher. C'est l'instant où je me libère de toute pression. Que ce soit dans la nature ou en ville, l'idée est de me déconnecter de toute sollicitation des écrans et des autres en général. C'est l'occasion de me reconnecter avec mes sens, de me familiariser avec mes sensations. À chaque fois, cela me redonne de l'énergie dans mes projets, mes relations, etc. C'est une forme de méditation pour quelqu'un comme moi qui a du mal à rester statique !

Pour bien vivre son hypersensibilité, il est primordial de s'accorder des temps de pause dans le calme et la sérénité, pour s'apaiser et s'éloigner de la sur-sollicitation.

7.
Rappelez-vous que la vie est un jeu

Même si je me suis longtemps servi de cet argument pour fuir mes responsabilités, mon moteur aujourd'hui est de me répéter chaque jour que la vie n'a de sens que si je m'amuse. Accueillez chaque émotion, comprenez-la, acceptez-la et vivez-la pleinement.

L'hypersensibilité
est un animal sauvage
à apprivoiser.

Si tu prends la fuite,
il pourra te poursuivre.

Si tu apprends à le connaître,
il marchera à tes côtés.

CHAPITRE 3

PREMIERS AMOURS

PAS ASSEZ VIRIL POUR ÊTRE AIMÉ

L'école primaire et le collège sont, pour beaucoup d'entre nous, des lieux et moments d'apprentissage de l'Amour (oui, avec un grand A). Et, alors qu'on pourrait penser qu'on tombe toutes et tous amoureux de la même manière, j'ai découvert à cette époque que la conception de l'amour n'était pas la même selon qu'on est une fille ou un garçon.

L'amour et l'amitié sont les thématiques centrales de notre enfance et adolescence. D'aussi loin que je me souvienne, j'ai toujours été très amoureux. Je trouvais rapidement de la grâce et de la poésie en tout et tout le monde. Beaucoup de filles me plaisaient mais, bien souvent, je me contentais de vivre mes sentiments en secret. J'aimais surtout aimer. En d'autres termes, j'étais « amoureux de l'amour ».

Quand il m'a fallu commencer à déclarer ma flamme à des filles, l'aventure s'est compliquée. Car, au-delà de la virilité entre garçons, la gent féminine m'a aussi beaucoup renvoyé à ma condition de « masculin faible » (voir p. 23).

Dans ce système, on joue toutes
et tous au même jeu en suivant
les règles communes.

« Oh non, mais toi t'es trop mignon, je peux pas sortir avec toi ! »

« Je vais pas sortir avec un mec plus petit que moi ! »

« Moi j'ai besoin d'être protégée, je préfère un gars musclé. »

« Ça va être compliqué de sortir avec un mec qui pleure autant que moi… »

« Mais t'es pas gay, t'es sûr ? Je pense vraiment que tu l'es. »

« L'AMOUR, C'EST POUR LES FILLES »

Je me reconnaissais beaucoup plus dans la ritualisation des sentiments et dans la conception de l'amour qui dominait chez les filles, que dans le dégoût et le rejet qu'en avaient les garçons. Pourtant, même si on se rejoignait beaucoup avec les filles sur nos envies d'amourettes, je ne rentrais pas dans les cases attendues du couple. Les garçons « bons à être aimés » étaient ceux qui rejetaient tout sentiment et préféraient jouer au foot entre eux à la récré. Je me confrontais à un premier paradoxe de l'amour.

Avec mes copains de l'époque, on ne parlait pas des filles, ni d'amour. On avait conscience de ce que ça représenterait dans notre vie d'adulte (avec des valeurs de « fonder une famille ») mais, à l'époque, c'était un centre d'intérêt réservé aux filles, qu'elles seules avaient le droit de cultiver dans leur coin pour se préparer à leur vie de femme et de mère.

Chaque garçon a une réputation à tenir. Porter de l'affection à une fille peut, à tout moment, nous faire perdre notre place de dominant. Avoir une amoureuse est souvent prétexte à humiliation.

« HEY LES MECS !
Kévin, il a une amoureuse, la honte ! »

« Mais non, je suis pas amoureux, moi ! »

Je me souviens qu'on disait d'ailleurs qu'un garçon « a » une amoureuse alors qu'une fille « est » amoureuse. Même dans les mots, les garçons possèdent et les filles vivent des émotions.

Les adultes eux-mêmes connaissaient ces règles genrées et les alimentaient. Ils avaient plus facilement tendance (et probablement le font-ils encore aujourd'hui) à taquiner un garçon sur le fait qu'il éprouve des sentiments pour une camarade en sachant que cela allait le déstabiliser. Alors que face à une petite fille, c'était plus évident, plus « normal » : il n'y avait pas lieu à plaisanter, il s'agissait juste d'une information comme une autre.

« LE VRAI MEC EST UN BAD BOY »

Ces comportements ne sont pas naturels mais bien culturels. Quand on vous répète la même chose tous les jours pendant des années, cela devient une norme sociale établie qui vous paraît être l'unique vérité à adopter pour survivre en communauté.

Très tôt, j'ai donc appris qu'exprimer ses émotions est une faiblesse qui peut se retourner contre soi. J'ai fini par croire que le romantisme n'était pas viril, et que les filles étaient attirées par ceux qui ne leur portent aucune attention. J'ai aussi pensé que j'allais devoir redoubler d'efforts pour plaire. Fallait-il que je devienne ce que j'aimais appeler « un connard » pour séduire ?

« De toute façon, les filles aiment que les connards. Faut que j'arrête d'être gentil. » Cette phrase, pleine de frustration et de colère, je me la suis très souvent répétée durant mon adolescence.

Je ne poursuivais pas les filles à la récré, je ne les frappais pas, je n'essayais pas d'attirer l'attention. Je ne comprenais pas le principe du « fuis-moi, je te suis ; suis-moi, je te fuis ». Les garçons les plus sexistes, méchants, violents et arrogants étaient ceux qui avaient le plus de succès.

J'ai regardé pour la première fois *The Mask* quand j'avais 7 ans.

Dans le film, Stanley (joué par Jim Carrey) est un type banal, un gentil garçon qui se fait victimiser socialement par tout le monde et surtout par Tina, la fille qui lui plaît. Un jour, il trouve un masque magique et découvre qu'en le portant, il devient une version « cool » de lui-même. Un mec extraverti, drôle, sûr de lui… mais aussi violent, incontrôlable et séducteur. Grâce à ce comportement, il finit par embrasser la fameuse Tina. La morale de l'histoire se veut un peu plus nuancée – attention, spoiler d'un film sorti en 1994 –, car Tina participe à la destruction du masque pour finalement aimer le vrai Stan, non viril. Toutefois, sans ses comportements de mauvais garçon, elle ne l'aurait jamais remarqué et ne serait pas tombée amoureuse de lui. Thomas Messias, du podcast *Mansplaining* développe d'ailleurs cet exemple de *The Mask* dans un de ses épisodes. Je vous invite à les écouter !

Je ne tape pas spécialement sur ce film, que j'adore encore aujourd'hui, mais il est loin d'être un cas isolé dans cette éducation des comportements de séduction avec lesquels on a grandi.

Dans la cour de récré, on jouait tous un rôle.
Les garçons bad boys et violents, les filles fragiles et dociles.

J'avais donc fait le deuil de sortir avec une fille plus grande que moi (avec mon retard de croissance, autant dire que l'écart de taille avec les filles était assez creusé !). Durant 4 ans, je n'ai jamais avoué mes sentiments à Anna, cette fille de ma classe qui me fascinait, cette copine que je trouvais particulièrement solaire.

On se ressemblait beaucoup, en dehors du fait qu'elle faisait 4 têtes de plus que moi. On s'est suivis de la primaire au collège. Retenez bien son prénom, c'est important pour la suite de mon histoire.

Anna
Anna
Anna
Anna
Anna
CLASSE :
6ÈME C
2002-2003
CM2A
RETARD N° 2
Benjamin
CE1

Je ne parlerai pas des masturbations entre potes dans ce livre...

Mais demandez à vos amis mecs.

LA FRIENDZONE

C'EST QUOI ?

C'est au collège que j'ai découvert ce concept étonnant de la « friendzone ». Pour faire simple, c'est le moment où une personne, pour qui vous éprouvez des sentiments amoureux, vous fait comprendre que ce n'est pas réciproque. Vous vous prenez un râteau et vous rentrez dans la « zone de l'amitié », et de l'amitié uniquement.

Elle est souvent perçue comme une honte entre garçons, car elle serait réservée à ceux « trop gentils et faibles » ou encore au « meilleur ami gay », ce qui exclurait toute virilité, car si un homme désirable est forcément viril, ceux qui ne sont pas désirables sont forcément dénués de virilité.

La popularisation de ce terme vient de la série *Friends* où Joey qualifie Ross de « maire de la friendzone » parce qu'il est follement amoureux de Rachel mais qu'il a mis trop de temps à lui avouer alors qu'ils sont devenus amis. Tout l'enjeu devient alors de « sortir de la friendzone ».

« Je suis dans la friendzone,
zone, zone, zone.

Bloqué dans la friendzone,
zone, zone, zone.

Je suis destiné à me masturber
toute l'éternité. »

Friendzone (2016) - *Norman fait des vidéos*

< Élodie

jeu 17:22

Tu veux sortir avec moi ?

Lol, non dsl.

Notification maintenant

Bienvenue dans la friendzone !

COMMENT J'AI DÉCOUVERT LA FRIENDZONE

Avant qu'on me révèle les secrets de cette notion, j'étais très ami avec des garçons comme des filles, et j'arrivais à avoir les mêmes types de discussion avec chacun·e sans les différencier. Il arrivait parfois que des filles me fassent part de leurs sentiments amoureux envers moi, et vice versa, mais ça ne remettait jamais en question mes amitiés avec elles.

C'est Boris, le gars un peu rebelle du collège – celui qui avait toujours tout fait avant tout le monde –, qui m'a expliqué la première fois ce qu'est la friendzone. On était sous le préau de la cour de récré, assis sur un banc.

Il me racontait ses histoires de conquêtes, et m'a lancé :

« Bon, c'est très simple, si tu veux baiser autant que moi, faut que tu évites la friendzone avec toutes les meufs.

Si tu veux pas rentrer dans l'espace des faibles, note ce que je vais te dire. »

Boris, célibataire depuis toujours.

LES (MAUVAIS)
CONSEILS DE BORIS

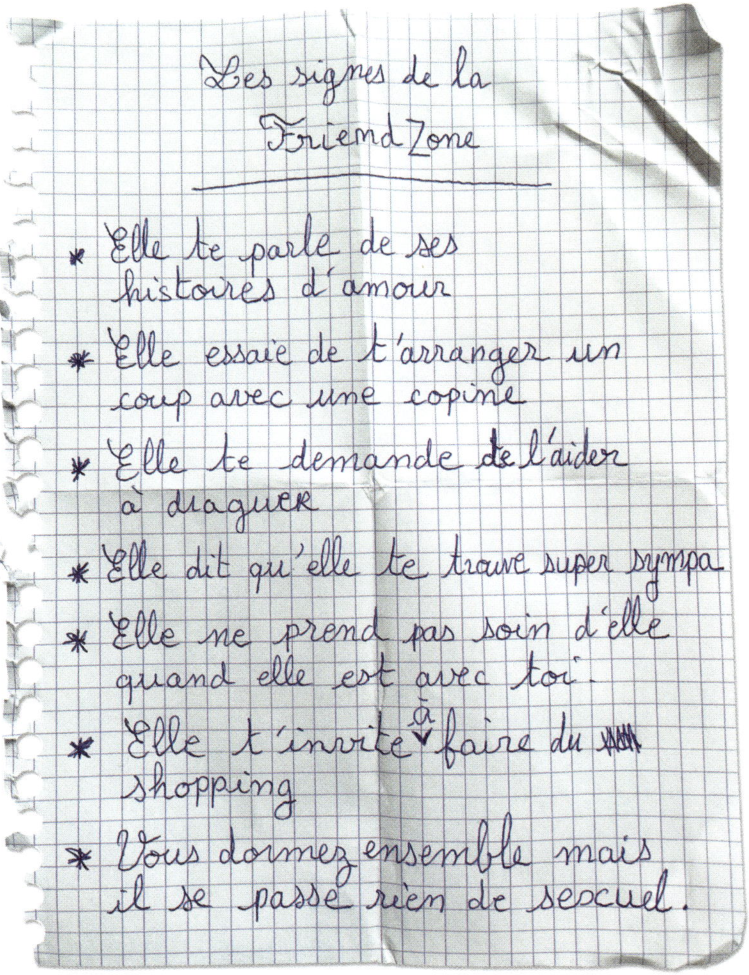

Les signes de la
Friend Zone

* Elle te parle de ses histoires d'amour
* Elle essaie de t'arranger un coup avec une copine
* Elle te demande de l'aider à draguer
* Elle dit qu'elle te trouve super sympa
* Elle ne prend pas soin d'elle quand elle est avec toi.
* Elle t'invite à faire du shopping
* Vous dormez ensemble mais il se passe rien de sexuel.

J'avais noté dans la cour de récré tous les conseils de Boris.

À cette époque, j'ai donc retenu – à tort, on y reviendra ensuite – que je ne devais pas engager de comportement sympa avec une fille, sinon elle me considérerait uniquement comme un ami, je tomberais à jamais dans la friendzone, et je serais la risée du reste du groupe.

Je découvrais que l'amitié garçon/fille n'existait pas si le garçon était ou voulait être considéré comme viril : ce type de relation était réservé aux faibles (rappelez-vous de la pyramide de la cour de récré, p. 23). J'avais donc tout faux depuis le début ? Une nouvelle angoisse s'ajoutait à la liste de mes névroses d'adolescent : celle de tomber à tout moment dans cette friendzone.

Alors je me suis tourné vers Boris pour lui demander :

« Boris, comment on évite la friendzone ? »

« Je vais tout t'expliquer, Ben, note. »

LES (MAUVAIS) CONSEILS DE BORIS

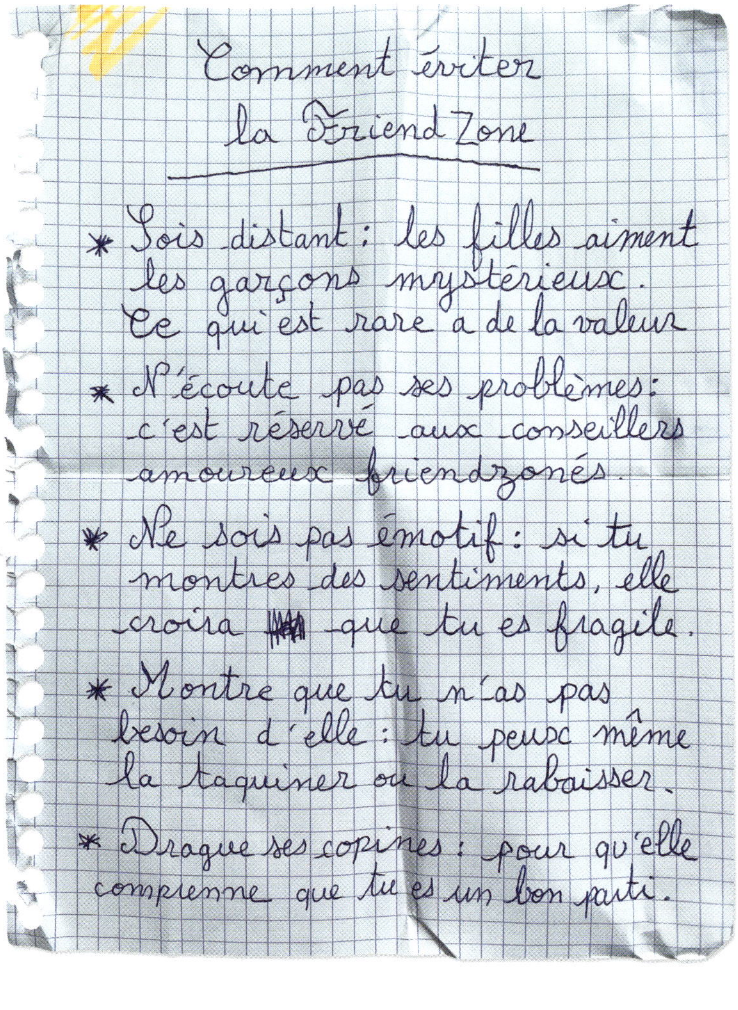

Comment éviter
la Friend Zone

* Sois distant : les filles aiment les garçons mystérieux. Ce qui est rare a de la valeur

* N'écoute pas ses problèmes : c'est réservé aux conseillers amoureux friendzonés.

* Ne sois pas émotif : si tu montres des sentiments, elle croira que tu es fragile.

* Montre que tu n'as pas besoin d'elle : tu peux même la taquiner ou la rabaisser.

* Drague ses copines : pour qu'elle comprenne que tu es un bon parti.

OK, leçon retenue : il faut que je sois présent mais pas trop, que j'aie des interactions sympas en restant dans la séduction. Je dois m'intéresser à elle en restant détaché si elle se confie, montrer qu'elle me plaît, sans dévoiler mes sentiments. Je peux discuter avec elle mais je dois dire l'inverse de ce que je pense pour rester indépendant.

C'est compliqué tout ça, non ? Et surtout, ça n'arrange pas nos clichés de genre !

POURQUOI LA FRIENDZONE EST PROBLÉMATIQUE ?

On pourrait penser que la friendzone est un terme plutôt sympa à la base. L'amitié, c'est censé être synonyme de relations humaines saines, n'est-ce pas ?

Pourtant, ce terme a une vraie connotation péjorative car on l'assimile à un sentiment de honte et d'échec. En tant que garçon, ne pas être considéré comme un potentiel partenaire est une atteinte à la virilité. Être considéré comme un ami nous enfermerait donc dans une prison qui définirait notre valeur d'homme à jamais.

Bien que la friendzone ne puisse, logiquement, pas avoir de genre défini, le terme est surtout employé par les mecs hétérosexuels. On dit rarement qu'on a friendzoné une fille, mais on vit tous dans la peur de se faire friendzoner. Ce qui explique d'ailleurs le pendant féministe à cette notion, qui a été développé en 2021 pour expliquer le phénomène d'un autre point de vue : l'existence de la « fuckzone » dans laquelle les filles sont souvent « classées » dans les relations à deux. Si les garçons ont peur d'être relégués comme simple « ami », c'est parce que les filles sont vues plus souvent comme des partenaires potentielles que comme des potes.

« Fuck » avant « friend » !

La virilité enferme les hommes dans ce schéma qui met en haut de la pyramide la relation de couple hétérosexuelle et qui rejette la possibilité des relations amicales. La notion de friendzone est donc toxique et problématique. Si on en finissait avec ce terme, qui, au-delà des mots, biaise notre conception des relations depuis l'adolescence ?

LA FRIENDZONE, UNE MACHINE À INCELS

La sous-culture incel est un néologisme et mot-valise pour *involuntary celibate* (célibataire involontaire, en français).

Le terme désigne des communautés en ligne misogynes dont les membres se définissent comme étant incapables de trouver une partenaire amoureuse ou sexuelle, état qu'ils décrivent comme célibat involontaire ou inceldom.

Ceux qui se proclament incels sont presque exclusivement des hommes hétérosexuels qui vivent dans une frustration amoureuse où les femmes sont désignées comme des manipulatrices responsables de leur détresse.

ON OUBLIE LA FRIENDZONE ?

D'un point de vue masculin, la friendzone reconsidère l'ensemble des relations humaines sous le prisme de la domination virile. Ça a biaisé pendant très longtemps mes relations avec des femmes, laissant constamment planer un fond de séduction. Elle pousse les garçons à ne pas se comporter de manière bienveillante et sympathique, ou bien à le faire de manière toujours calculée et intéressée. On présente donc les garçons qui ont des amies comme des mâles en échec.

Pour faire simple, ça incite les mecs à adopter des comportements de connards pour baiser et ainsi éviter d'être cantonné dans la friendzone.

Puisque les hommes se positionnent comme victimes du « friendzonage », ce sont les femmes qui récupèrent le poids de la culpabilité, le rôle du bourreau (en plus d'être réduites à leur fonction sexuelle, car mises dans la fuckzone). Le garçon trouve la personne responsable de son exclusion et, surprise, ce ne sont pas les autres mecs, mais bien la fille qui a refusé ses avances – alors qu'il avait pourtant effectué à la perfection la stratégie apprise pour être désirable (je n'ai pas besoin de vous rappeler les conseils de Boris p. 103, 105).

Tout le monde a intégré cette notion et joue le jeu de la friendzone. Les femmes apprennent à vivre avec la responsabilité de « déviriliser » un mec. Elles peuvent même en arriver à se culpabiliser entre elles de friendzoner un garçon. J'ai vu à de nombreuses reprises des filles demander à leur amie de « se forcer » à répondre positivement aux avances du garçon parce que, quand même, « il avait fait les choses dans les règles ». On considère le désir du garçon qui drague plus important que le désintérêt de la fille draguée.

Ce schéma hiérarchique de la friendzone ne sert donc personne. On entretient une culture du viol acceptée de tous, et on s'étonne d'assister à des exclamations de « Salopes ! » en pleine rue lancées par des hommes aux femmes qui ne répondent pas à leur compliment.

SI ON REVIENT À LA DÉFINITION MÊME DE L'AMITIÉ, IL S'AGIT D'UN « SENTIMENT RÉCIPROQUE D'AFFECTION ET DE SYMPATHIE ». SI C'EST CELA, LA FRIENDZONE, JE SUIS FIER D'ÊTRE DANS CELLE DE MES AMIES.

La culture du viol est un terme qu'on utilise pour décrire un mécanisme très présent dans notre société :

la violence (notamment sexuelle) envers les femmes est banalisée et minimisée dans la vie quotidienne comme dans l'environnement médiatique (publicités, films, etc. qui rendent le corps féminin accessible, offert et donc possédable).

LE PORNO EST UNE FICTION

Mon film préféré, c'est Big Fish.
Je trouvais le personnage
de Ewan McGregor hyper stylé
dans sa naïveté et sa passion.

Même s'il m'a beaucoup
inspiré et donné des idées,
j'ai toujours eu conscience
que c'était un personnage fictif
et que tout ce qu'il entreprenait
n'était pas la réalité.

Je vous laisse retranscrire ça
avec le porno.

CHAPITRE 4

LES HOMMES, ÇA NE PENSE QU'À ÇA !

L'HISTOIRE MERVEILLEUSE DE MA PREMIÈRE FOIS

On va enfin parler de sexe !

Cette thématique est très loin d'être anecdotique dans la masculinité, et elle est souvent révélatrice de bien des maux. Performance, séduction, complexes... Je vais vous partager mes expériences et ce que j'ai appris sur moi, sur nous (sur vous ?), sur les hommes, et les leçons que j'en ai tirées. J'espère que certains conseils pourront vous aider à tendre vers une sexualité plus sereine et épanouie.

En dehors de la masturbation, j'ai eu ma première relation sexuelle avec une autre personne à l'âge de 17 ans. Je vous raconte ?

AVANT L'ACTE

Vous vous souvenez d'Anna, cette fille qui était bien plus grande que moi en primaire ? Avec la magie de Facebook, qui venait d'arriver en France, on reprend contact au lycée par cet ingénieux processus de recommandation d'amis en commun. On ne s'est ni vus ni parlé depuis mon déménagement, courant 5e au collège, ce qui fait plus de 3 ans sans aucun échange.

On discute du bon vieux temps, de l'époque où l'on était encore de jeunes adolescents alors que maintenant nous sommes enfin devenus de vieux adolescents, bien plus matures « évidemment ». À cette période, je commence à être plus à l'aise avec mon corps, même si je ne me rends pas vraiment compte que je plais à de plus en plus de filles.

S'il y a bien une chose que j'ai comprise avec les années, c'est que moins je me plaisais, moins je plaisais. Cette année-là, je suis donc dans ma période « skateur » et, comme tout bon pro-rider qui se respecte, je porte des cheveux longs de surfeur, des pantalons larges de rappeur des années 1990, et des chaussures de snowboardeur. Le feeling passe plutôt bien avec Anna, et je comprends que la discussion n'est pas que de simples retrouvailles d'une amitié perdue.

Vous avez déjà vécu ça ? Une discussion qui débute mais qui ne s'arrête jamais vraiment. La sensation d'avoir toujours quelque chose à se raconter, même quand on n'a plus rien à se dire vraiment.

Bref, elle m'invite chez elle, pour « retrouver [mes] anciens copains de collège comme au bon vieux temps ». Le parfait alibi pour un rencard (j'utilise le terme « rencard » parce que j'écris ces mots à presque 30 ans ; je me sens donc légitime à utiliser des mots passés de mode, voilà, c'est dit).

Je passe 2 jours chez elle, je retrouve en effet mes anciennes connaissances du collège, mais cette partie, on s'en fout un peu ; je sais que vous lisez ce chapitre pour le passage sur le sexe. J'y viens.

L'INVITATION BIENVENUE

On s'entend très bien, et je me rappelle qu'une angoisse s'est envolée lorsque nous nous sommes retrouvés : nous faisions désormais la même taille. Cette fois, l'argument du « je ne peux pas sortir avec un mec plus petit que moi », que je connaissais par cœur, ne pouvait pas venir tout gâcher.

Après avoir passé la journée ensemble, je rentre chez elle. Nous dormons dans le même lit. On s'embrasse, et rien de plus.

Je suis encore puceau et, bien que je mente à tout le monde à ce sujet comme la plupart des garçons à cet âge, j'ai peur. J'ai peur de ne pas être à la hauteur, je suis angoissé de jouir trop vite ou même de me perdre dans l'anatomie féminine. J'avais étudié un schéma dans un livre d'éducation sexuelle, mais il y avait deux orifices trop proches que j'avais extrêmement peur de confondre le moment venu et la perspective n'était vraiment pas simple à comprendre.

À l'époque, le clitoris n'y apparaissait d'ailleurs pas du tout, je n'avais aucune idée de ce que ce terme représentait concrètement et les cours d'éducation sexuelle m'avaient uniquement permis de devenir un véritable expert de l'enfilage de préservatif sur banane.

On ne fait donc que s'embrasser mais ça dure toute la nuit. Elle a plus d'expérience que moi, elle sort d'une relation assez longue qui lui a permis d'explorer sa sexualité. Son ex, que je ne connais pas mais dont j'ai déjà vu des photos, est vraiment beau gosse et réveille en moi un complexe d'infériorité. Il représentait bien plus l'« homme viril » que je ne le serais jamais.

On décide tout de même d'entamer une relation de couple à distance (1 h 56 de route à 17 ans et sans permis, c'est presque comme si elle habitait un autre pays). Quelques semaines plus tard, on profite des vacances scolaires pour se retrouver, cette fois chez moi. Elle me rejoint à la gare de Caen puis elle rencontre à son tour mes amis.

Je me sentais beaucoup plus confiant dans « mon » espace. Un endroit safe où j'étais à l'aise avec mes amis, qui offrait la combinaison parfaite pour m'exprimer, me sentir plus drôle, plus beau, plus attirant, plus charismatique. J'ai d'ailleurs longtemps pensé que mon charisme dépendait de mon entourage et cela m'a rendu très dépendant de mes amis pendant toute mon adolescence, avant de finalement me rendre compte que ma valeur et mon bonheur ne dépendaient que de moi.

« Benjamin, tu dérives sur un autre sujet. On peut revenir au sexe, s'il te plaît ? »
Oui, bon, j'y viens.

? CLITO ?

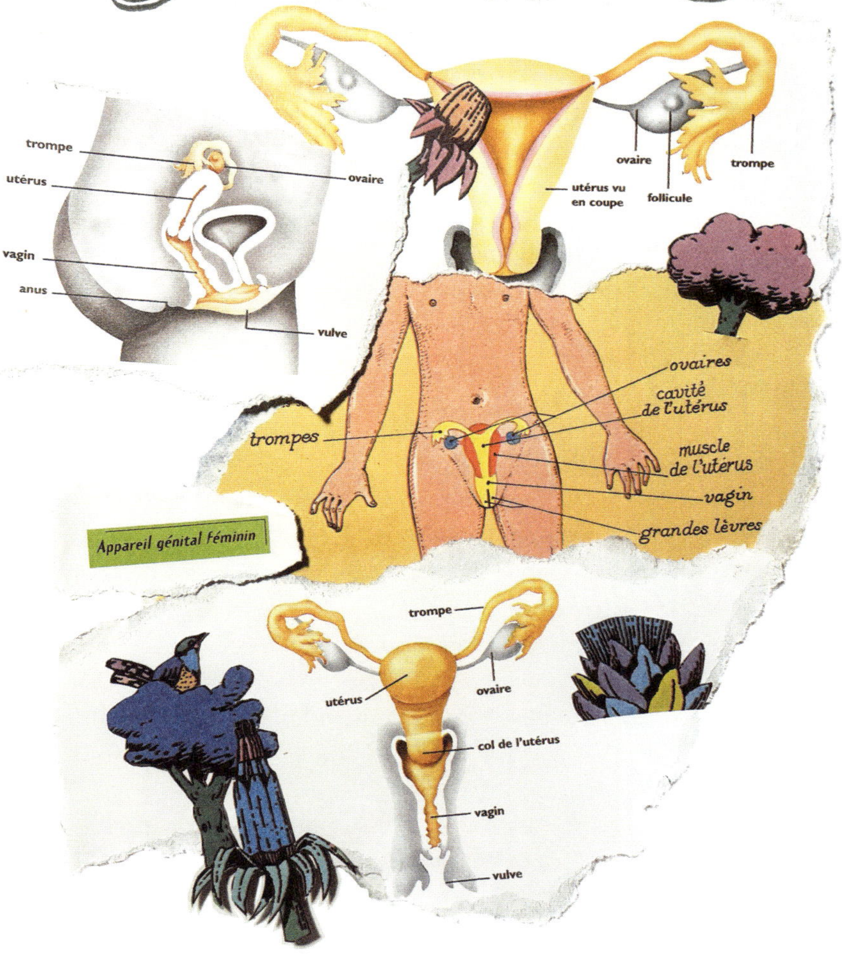

Vestiges de mon manuel
d'éducation sexuelle
1998

UN RITE DE PASSAGE

On se retrouve dans ma chambre avec Anna. Avant d'aller se coucher, voilà déjà trois bonnes heures que je stresse à l'idée de ce moment. Je ne sais pas comment cela se passe pour des relations homosexuelles, mais pour un garçon hétérosexuel, la première fois est un vrai rite de passage vers l'âge adulte. Tous les garçons qui « l'ont déjà fait » ne manquent pas une occasion de le rappeler ou de partager leur expérience. J'en profite : si tu es encore puceau, n'écoute pas les conseils des mecs expérimentés. L'expérience des uns ne fait pas celle des autres. Et à l'adolescence, la plupart des garçons mentent sur leur expérience et leur expertise. Un peu comme les producteurs quand tu deviens YouTubeur par la suite (je passe des messages personnels si je veux, c'est mon livre) ?

On est donc dans le même lit avec cette fille dont je suis très amoureux. À mes yeux, elle est extrêmement belle et charismatique, réveillant en moi ce complexe de ne pas être assez viril pour la combler. On s'embrasse, et nous savons tous les deux où va nous mener la suite sans même en avoir jamais parlé au préalable.

Mon objectif est de lui donner du plaisir sans jamais avoir discuté avec elle de ce qu'elle aime, ce dont elle a envie, de mes appréhensions, de mes envies. Bref, je pars dans une aventure au sommet de la montagne enneigée pour récupérer une fleur magique qui a un aspect que je ne connais pas, sans en avoir parlé à personne, ni même être équipé correctement pour cette expédition. Tout ce que j'avais en main, c'était ce livre d'éducation sexuelle qui me parlait de l'ensemble de l'aventure de manière très floue.

On s'embrasse, je ressens un mélange d'excitation et d'angoisse à l'idée de vivre ce fameux rite de passage et de ne pas être à la hauteur. Est-ce que je serai un vrai homme si je jouis trop rapidement, si mon érection n'est pas assez dure, si mon sexe est trop petit pour donner du plaisir correctement, ou si mon corps n'est finalement pas assez excitant pour elle ?

Les angoisses avant
ma première fois :

jouir trop vite
jouir trop vite
jouir trop vite
jouir trop vite
jouir trop vite
jouir trop vite

La première bonne nouvelle, c'est que je n'ai finalement pas confondu les deux orifices indiqués sur le schéma de mon livre. On pouvait supprimer cette angoisse de la liste. La deuxième bonne nouvelle, c'est que j'ai découvert des sensations merveilleuses pendant au moins… 60 bonnes secondes.

Le moment était doux, romantique, un peu gauche de ma part, mais très bienveillant.

Pourtant, j'en ai surtout retenu un sentiment de honte. De mon point de vue d'ado, je n'avais pas été à la hauteur de la performance attendue de l'homme : j'avais joui trop vite, je n'avais pas donné assez de plaisir à ma partenaire. Au contraire de ce que je constatais systématiquement dans le porno, elle n'avait pas « hurlé » : j'avais donc été mauvais. J'étais tellement honteux que j'ai refusé son invitation à la rejoindre sous la douche juste après l'acte, sans lui fournir aucune explication. Une semaine après, elle m'a quitté en me disant qu'elle pensait encore à son ex. Vous savez, le mec bien plus viril que moi.

ET APRÈS ?

Après cette première fois, j'ai développé des relations sexuelles merveilleuses avec des femmes et j'ai appris petit à petit à communiquer, à admettre que chaque corps est différent et que, par conséquent, il n'y a pas de honte à demander à son/sa partenaire ce qui le/la stimule. J'ai appris qu'être un bon ou un mauvais coup n'est pas une performance individuelle, mais bien « collective ». Il existe des combinaisons de bons coups et de mauvais coups, qui évoluent selon les relations, l'écoute, l'alchimie entre les personnes.

Malgré cela, ma première fois restait un souvenir gênant. Depuis ce moment, qui avait signé la fin de notre relation, j'avais tout de même gardé contact occasionnellement avec Anna. J'ai parlé des années plus tard, sur YouTube, de ma première fois en mentionnant de manière très poétique un moment « de merde » pour moi. Un moment où je n'avais pas été à la hauteur.

Et j'ai reçu, quelques mois plus tard, un message sur Facebook. Il est envoyé par cette fille dont je n'avais plus eu de nouvelles depuis un ou deux ans. Elle évoque notre première fois, onze ans après ce moment.

< Anna

lun 21:15

Hey Benjamin,
J'espère que tu te portes bien.

Je voulais juste te dire que j'ai regardé ta vidéo, où tu évoques ta première fois, d'une autre façon... Déjà, merci pour le « c'était de la merde », je ne sais pas comment le prendre ! :D

Sache que, j'ai eu cette fois-là un orgasme, et grâce à toi. C'était plutôt rare à l'époque pour moi, la preuve est que je m'en souvienne. Même si je l'avais déjà fait avec plusieurs mecs, c'était mon premier orgasme.

Car, évidemment, à cet âge l'homme est un peu plus centré sur son plaisir et la femme ne connaît pas encore bien son corps à ce niveau-là... Et même si ce fut rapide, comme tu dis, ce fut efficace !

Mieux vaut la qualité à la quantité.
Bref, gardes-en un bon souvenir, s'il te plaît, car moi je m'en souviens très bien.

🙏❤️

Je t'embrasse !

Bien que ce message soit arrivé à une période de ma vie où j'avais déjà déconstruit énormément de certitudes dans ma sexualité, je dois avouer qu'il m'a libéré d'un poids qui n'avait jamais vraiment disparu.

Ce message n'a fait que conforter la croyance suivante : la communication entre les êtres est d'une importance capitale (dans la sexualité, mais pas que, d'ailleurs !). Car, non, ce n'est pas un « tue-l'amour » de se dire ce qu'on ressent, d'exprimer nos envies, de montrer à l'autre ce qui nous excite, d'exprimer à chaque instant son consentement, et d'assumer que rien ne se passe jamais comme on l'avait imaginé ou fantasmé.

COMMU
NIQUER

POURQUOI LA PERFORMANCE MASCULINE EST-ELLE TOXIQUE ?

Dans la sexualité, comme dans la société plus globalement, nos comportements sont dictés par des injonctions. Ce sont des ordres établis par la société dans laquelle on vit et qui nous sont transmis plus ou moins consciemment par notre éducation, notre socialisation, les messages véhiculés par les médias, la publicité, etc. Dans nos vies sexuelles, ces injonctions sont nombreuses et différentes pour les hommes et les femmes. Je pense qu'il est important de connaître et prendre conscience de ses propres injonctions mais aussi de celles du genre des personnes qu'on côtoie. Je ne vais pas parler des injonctions sexuelles imposées aux femmes car je ne les vis pas personnellement mais je vous invite à vous documenter dessus ou même à en parler aux femmes de votre entourage.

Quand je me suis intéressé, avec empathie, aux dogmes matraqués dans la tête des femmes avec qui j'ai vécu ma sexualité, j'ai pu mieux appréhender mes propres comportements. J'ai pu comprendre la culpabilisation de certaines femmes à avoir de nombreuses relations sexuelles. J'ai réalisé qu'elles avaient la même injonction que nous, les hommes, d'avoir un orgasme pour évaluer le rapport réussi.

J'ai appris la culpabilité qu'elles portaient en croyant que les problèmes d'érection chez leur partenaire étaient liés à leur manque d'attractivité. J'ai également compris l'envie de certaines de mes partenaires de faire l'amour uniquement dans le noir pour ne pas exposer leurs complexes physiques, par peur du jugement et du rejet. J'ai aussi découvert bien plus tard le tabou de la masturbation féminine et le rejet face à la découverte de leur propre désir (car il est souvent admis que leur plaisir n'existe qu'au travers d'une dépendance totale à la stimulation par un sexe masculin).

LES INJONCTIONS MASCULINES

Je vous propose de parler de ce que je connais, ce que j'ai expérimenté : les injonctions masculines dans notre sexualité. Pour certaines, j'en ai pris conscience très tôt, pour d'autres, je les ai découvertes beaucoup plus tard. La liste n'est pas exhaustive mais je les ai toutes vécues dans mon expérience sexuelle.

À mon sens, elles sont toutes dangereuses et toxiques dans nos relations et dans le développement de notre bien-être. Il faut apprendre à s'en défaire, chacun à son rythme. Elles sont autant inculquées et répétées par les hommes que par les femmes d'ailleurs. Pour certaines de ces règles, je me les suis imposées seul mais certaines m'ont été imposées par des femmes que j'ai connues, parce qu'elles avaient trop intériorisé ces injonctions, qu'elles considéraient désormais comme la norme. Je ne jette la pierre à personne, l'important c'est de prendre du recul sur ces injonctions et de réaliser à quel point elles impactent nos propres vies.

Pour s'en défaire, je vous propose de les appeler « les règles de merde ».

Voici donc « Les 8 règles de merde du bon coup »

Règle de merde n° 1 maintenant

Les hommes ont toujours envie de sexe

Le désir sexuel n'est pas qu'une histoire d'hormones.
On a tous des baisses de libido dues au stress, à notre humeur, notre état d'esprit du moment, la fatigue.
C'est OK !

Règle de merde n° 2 il y a 2 min

Les hommes doivent bander bien dur

Du coup on se stresse parce qu'il faut bander, du coup on bande pas, du coup on stresse de pas bander.
Vous captez la prophétie autoréalisatrice ?
Je parle du paradoxe de la teub page 148.

💩 Règle de merde n° 3 il y a 3 min

Les hommes doivent durer très longtemps

Mes expériences sexuelles m'ont appris que le temps et l'intensité n'ont aucune corrélation. (J'aurais préféré que ça vienne de mes cours de physique-chimie mais j'étais un peu trop absent.)

💩 Règle de merde n° 4 il y a 5 min

Les hommes doivent savoir ce qui excite la femme

On a tous un pote qui pense être l'incarnation du « Manuel du Plaisir Féminin ». Il n'existe aucune notice ou formule magique autre que : communiquer. C'est évident que votre partenaire est le/la mieux placé·e pour connaître son corps et son plaisir. Guidez-vous.

💩 Règle de merde n° 5 il y a 8 min

Les hommes doivent avoir des poils virils

C'est des poils avec des muscles.
Votre pilosité et ce que vous en faites ne définissent
ni qui vous êtes ni votre orientation sexuelle.

💩 Règle de merde n° 6 il y a 9 min

Les hommes doivent être fermes et pénétrants

L'injonction de la pénétration est bien ancrée.
Pourtant, dans le sexe, il n'y a aucune chorégraphie imposée.
Le sexe sans pénétration, c'est aussi du vrai sexe !
Et pour l'obligation d'être pénétrant pour rester viril,
je vous invite à vous renseigner sur la prostate.

Règle de merde n° 7 il y a 12 min

Les hommes doivent posséder un énorme pénis

Genre, faut être au moins 3 pour le porter ?
Demandez aux femmes autour de vous si elles appréhendent plus un petit pénis ou un gros pénis.
Vous pouvez aussi vous référer à la règle précédente.

Règle de merde n° 8 il y a 13 min

Les hommes doivent être des conquérants

Chacun fait ce qu'il veut de son corps.
Il n'y a aucune honte à multiplier les partenaires que vous soyez un homme ou une femme.
MAIS la course aux conquêtes qui comble un manque est une recherche de réponse qui n'arrivera jamais. Si vous tenez une liste de vos conquêtes par fierté, arrêtez.

VERS UNE SEXUALITÉ PLUS ÉPANOUIE

Je vous propose des nouvelles règles moins merdiques, qu'on pourrait appeler « Les nouvelles règles du bon coup ».

1. Le consentement, c'est sexy

Oublions l'idée reçue selon laquelle demander le consentement casse l'ambiance et le romantisme.

Car, oui, votre partenaire peut changer d'avis quand il/elle le désire. Et vous aussi ! Votre corps vous appartient, tout comme celui de votre partenaire lui appartient.

Exprimez vos envies : en face-à-face, avant l'acte, après l'acte, ou même par échanges de SMS.

Pendant l'acte, n'oubliez pas votre partenaire :
« Ça va ? »
« Tu kiffes ? »
« Ça t'excite quand je fais ça ? »

De plus, tout n'est pas « verbalisé » : observez les signes de bien-être comme de malaise. Si vous ne souhaitez pas trop parler, mettez en place un « safe word », en choisissant dans l'idéal un mot qu'on ne devrait pas prononcer dans une situation pareille. Il permet de dire à votre partenaire que vous n'êtes plus à l'aise ou pas consentant et agira comme une alarme si l'un d'entre vous le prononce. Cela contourne la difficulté qu'ont beaucoup à dire « non » de manière frontale.

2.

L'orgasme s'obtient à deux

Vous êtes responsables ensemble du plaisir que vous prenez dans votre rapport. L'orgasme ne se déclenche pas que par la stimulation des organes génitaux. C'est tout le corps.

3.

Les préliminaires sont du sexe

Une fellation, un cunnilingus et hop, on passe aux choses sérieuses ? Eh non. On a été éduqué à cette chorégraphie mais en réalité le « package » du sexe n'existe pas. Tout comme il peut ne pas y avoir pénétration avec le pénis, il peut aussi ne pas y avoir de fellation avant pénétration ou avoir un cunnilingus après pénétration, bref, vous avez compris l'idée.

De plus, l'orgasme masculin n'est pas le signe de la fin de l'acte sexuel. Votre partenaire a aussi le droit de continuer de prendre du plaisir, vous pouvez continuer d'autres manières qu'avec votre pénis !

4.

L'orgasme n'est pas obligatoire

J'ai fini par comprendre que le sexe c'était avant tout partager un moment cool avec quelqu'un.
Ça veut dire qu'on peut aussi kiffer toutes les sensations sans orgasme et sans remettre en question le plaisir partagé.

5.

Lavez-vous les mains (et le sexe)

L'hygiène c'est primordial. On ne nous le répète pas assez.
De nombreux microbes peuvent pénétrer dans l'urètre, la flore vaginale, etc.
C'est assez simple d'éviter ça en se lavant les mains et le sexe avant tout rapport.
(Ça prend vraiment 3 minutes.)

6.
Montrez à l'autre comment vous toucher

Vous connaissez votre corps, mais pas votre partenaire.
Il suffit parfois de caresser quelques centimètres à côté pour que le plaisir soit décuplé, ce serait dommage de passer à côté sans se le dire, non ?
On l'a vu dans la règle n° 1, il y a mille manières de se montrer les choses de façon sexy.
Inventez vos propres règles !

7.
Le nombre de positions n'influe pas sur l'intensité du plaisir

Pas besoin de maîtriser l'intégralité du Kama-sutra.
L'important c'est de passer un moment à partager du plaisir, se connecter (que ce soit doux ou intense).
Enchaîner trop de positions, trop rapidement, ne permet souvent pas de bien kiffer l'instant.

8.

Ne recopiez pas le porno

Le porno n'est pas le reflet de la réalité sexuelle mais une fiction basée sur les fantasmes. J'ai discuté avec beaucoup d'actrices porno qui m'ont avoué que leur sexualité privée n'avait rien à voir avec celle dans leurs films et qu'elles prennent bien plus de plaisir dans leur vie perso ! Ce sont des acteurs et actrices qui suivent un scénario, avec des temps de pause, des positions répétées pour fonctionner dans l'axe des caméras, etc.

J'ai beaucoup déconstruit ma sexualité en comprenant que la domination masculine dans le porno était mise en avant dans une majorité de films réalisés par des hommes, pour des hommes.

9.

Vous n'avez droit de cuissage sur personne

La personne avec qui vous avez des relations sexuelles ou avec qui vous avez envie d'en avoir ne vous appartient pas.

BIG-FISH
THE MASK
ANNA

Il n'est pas prouvé que pisser assis
soit meilleur pour la prostate.

En revanche, c'est vraiment
plus propre et confortable.
Ça fait partie des plus
grands changements dans ma vie quotidienne
depuis quelques années.

(Là, j'en fais trop, mais pensez-y !)

CHAPITRE 5

PAS VIRIL ?

LA DOMINATION MASCULINE, C'EST NATUREL ?

Je vous ai expliqué comment j'ai découvert la virilité dans le tout premier chapitre (p. 18), avec cette recherche d'idéal masculin toujours dans la performance. Et puis on a vu comment elle s'immisçait dans l'intimité, jusqu'à créer des injonctions toxiques qui rendent la sexualité taboue et oppressante.

La virilité est très souvent justifiée par l'angle naturel. Ce serait dans « la nature de l'homme » d'être dominant (et ici, on parle bien du genre masculin, et non pas de l'espèce humaine qu'on résume très souvent sous le terme… « Homme » !). Il serait biologiquement créé pour régner sur l'empire terrestre et ce au-dessus des femmes, des animaux et même des autres hommes.

Cet argument qui se veut rationnel exclut donc tout débat car ce serait la preuve ULTIME.

S'il n'y avait qu'une partie de ce livre à lire, ce serait celle-ci (même si, vu que vous l'avez acheté, je vous conseille quand même de lire le reste… ce serait gâcher, sinon !). J'ai trouvé des réponses concrètes à mes questionnements autour de la construction culturelle de la virilité, via les recherches d'Olivia Gazalé dans *Le Mythe de la virilité, un piège pour les deux sexes*. Et je vais tâcher de vous donner quelques clefs pour avancer dans la réflexion et penser la masculinité (et la vôtre, si vous êtes concerné).

VOICI L'HISTOIRE DE LA VIRILITÉ. VOUS ÊTES PRÊT·E ?

ON A FABRIQUÉ NOTRE PROPRE PIÈGE

L'HISTOIRE DE LA VIRILITÉ

À L'ANCIENNE, ON NE SAVAIT PAS COMMENT FAIRE LES BÉBÉS

Le concept même de virilité ne s'est pas construit en un jour. Ça commence à la Préhistoire, où les vrais « bonshommes » étaient… les femmes. Pendant des millénaires, nous n'avions pas compris comment fonctionnait le processus de procréation. Le lien entre rapport sexuel et gestation n'avait pas encore été fait. Aux yeux des hommes préhistoriques, seules les femmes avaient la capacité de perpétuer l'espèce humaine. Par on ne sait quel miracle, leur ventre grossissait puis elles accouchaient seules de leur progéniture. L'homme, quant à lui, ne sachant pas créer la vie, n'était pas spécialement utile à l'espèce (vous inquiétez pas, il va biiiien se rattraper !).

Et si, comme moi, vous vous posez souvent la question : « Mais qui est la première personne à avoir découvert telle ou telle chose ? », je vous propose un petit exercice de pensée.

Imaginez un homme préhistorique, à l'époque de la sédentarisation. On l'appellera Thierry. Nous sommes plusieurs millénaires avant J.-C. et l'espèce humaine commence à créer des habitations, abandonne peu à peu la cueillette et la chasse afin de cultiver des terres et de créer des élevages. Thierry est donc un des premiers agriculteurs de l'espèce humaine. Il invente des blagues sur les bouseux nomades dont il se moque car, lui, il a compris qu'on pouvait cultiver des parcelles de blé et de céréales, apprivoiser des animaux et stocker sa nourriture pour la conserver.

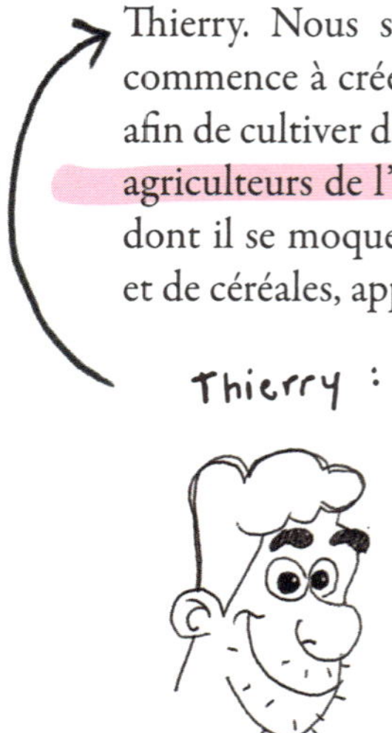

LE JOUR OÙ TOUT A BASCULÉ

Thierry est donc assis sur son banc et observe ses chèvres. Il cherche à développer son élevage et observe les rapports sexuels de ses animaux. Sans mâle, il se rend compte que les femelles ne mettent pas bas. Il finit par corréler la fécondation avec la gestation. Thierry comprend alors que pour faire un bébé, la femelle ne suffit pas, le sperme du mâle est obligatoire. Et si c'était pareil pour les humains ?

Thierry était sûrement le premier homme à découvrir que les femmes ne sont pas des êtres magiques qui ont le pouvoir de perpétuer l'espèce seules, mais que c'est la complémentarité des deux sexes via les rapports sexuels qui crée la vie. (J'aime imaginer Thierry, c'est mon personnage imaginaire préféré.)

Cette découverte a révolutionné l'espèce humaine et influencé l'évolution des relations sociales. Car ce cher Thierry aurait pu tirer de son observation la conclusion suivante : les hommes ne sont pas aussi inutiles qu'on le pensait et la complémentarité homme/femme implique de la coopération pour co-créer… Malheureusement, la conclusion de Thierry a été tout autre : « La femme n'a finalement aucun pouvoir magique, elle n'est que le réceptacle de la vraie puissance divine : le sperme. »

Ainsi l'humanité va-t-elle construire son avenir sur cette conclusion ? Yes.

ARISTOTE ENTRE DANS LA PLACE

Certains grands penseurs ont continué à perpétuer et théoriser cette idée de toute-puissance masculine qui perpétue l'espèce. Notamment le philosophe grec Aristote, qui est devenu une référence importante de l'Antiquité au Moyen Âge avec l'argument naturel selon lequel « c'est l'homme qui crée l'homme ».

Les théories d'Aristote sur l'argument « biologique » de procréation ont eu des répercussions sociales énormes puisqu'elles sont à l'origine de nombreuses injonctions faites aux femmes et aux hommes dans la société (promis, ça devient plus clair ensuite !).

Pour le philosophe grec,
il existe deux types d'êtres humains →

Les 2 types d'êtres
humains selon Aristote :

LES CORPS CHAUDS

L'homme contrôle
ses écoulements naturels.
On dit qu'il cuit son sang
pour le transformer en sperme.

Il a un total contrôle
de son corps et c'est par
ce contrôle qu'il sait créer
la vie.

LES CORPS FROIDS

La femme subit ses propres fluides.
Elle ne gère pas ses écoulements
de sang (les menstruations),
ni ses pertes de lait.

Elle n'est pas en contrôle
de son corps et ne
représente qu'une entité
passive qui va accueillir
le sperme divin de l'homme.

Pour Aristote, on constate donc qu'il y a d'un côté les hommes qui gèrent parfaitement leurs fluides et de l'autre les femmes qui ne savent pas contrôler leur corps. Cette hiérarchie naturelle est devenue une hiérarchie sociale avec des injonctions où les hommes dominants doivent taire leurs émotions (car ils savent les contrôler) et où les femmes n'ont pas de responsabilités (car elles sont incapables de se contrôler).

Aristote va plus loin en considérant que les femmes sont des hommes imparfaits, des êtres vivants manqués. Un enfant bien né serait donc uniquement un garçon. L'obsession de la descendance et de la généalogie poussera les hommes à surveiller les femmes, à les priver de liberté afin d'assurer la bonne propriété génétique des hommes sur leurs enfants. La femme, considérée comme un réceptacle non fertile, devient alors la propriété du citoyen, et doit développer sa vie, cachée, de l'ordre du privé, alors qu'on retrouve les hommes dans la sphère publique.

Cette perception du fonctionnement des corps des hommes et des femmes a entraîné, pendant des siècles, cette séparation de l'homme public et de la femme à la maison. Un concept qui justifiera le contrôle du corps des femmes, à la base lié à la reproduction, s'extrapolant sur des siècles à l'encadrement global sur leurs choix d'être et de faire.

On entend souvent la justification d'une domination virile liée à des causes « naturelles » (les hommes savent mieux réfléchir, gèrent mieux leurs émotions, sont plus responsables) alors qu'il est bien question de construction sociale.

Ce système, en construisant cette hiérarchisation, a également créé la prison des hommes. Ces règles dites « naturelles » deviennent alors des injonctions faites aux hommes de tenir leur place dans la société, en étant forts, puissants, protecteurs, sans émotion perturbatrice.

Bonne ambiance

L'HOMME AU TRAVAIL LA FEMME À LA MAISON

LE PARADOXE DE LA TEUB

Ah, la bite ! Un organe si central dans la masculinité et pourtant si complexe. Le pénis est, pour les garçons, un sujet central de virilité. Il est à la fois un symbole de puissance et un grand sujet de questionnements et de complexes individuels. On cherche très tôt à se rassurer auprès des autres sur sa taille. Un sexe trop petit serait considéré comme moins attrayant pour les femmes, donc émasculerait instantanément notre capacité à être un homme dominant accompli.

QUI A LA PLUS GRANDE ?

À l'adolescence, ce pénis au centre de la vie des garçons les rend pourtant très pudiques entre eux. J'ai des souvenirs de chambres communes en soirée et de vestiaires de sport où chacun agissait avec une extrême pudeur de peur d'être ridiculisé par les autres au cas où son sexe serait jugé « trop petit ». L'angoisse de la comparaison se retrouve jusque dans les urinoirs. Ce lieu où tous les hommes s'installent côte à côte pour se soulager. Bien souvent, ces espaces ne laissent que très peu d'intimité. Moi je n'ai jamais réussi à uriner sereinement à côté d'un autre homme. Ça me bloque.

Par contre, j'adore observer les comportements des hommes dans les toilettes publiques (ne sortez pas cette phrase de son contexte, je vous fais confiance...). En termes de comportement viril, tout y est intéressant : chacun sort son engin, personne ne se regarde, tout le monde veut comparer mais le moindre regard pourrait être mal interprété et envoyer de faux signaux sur sa sexualité. On apprend très tôt à uriner debout et on comprend très vite que c'est une capacité que n'ont pas les femmes. Pisser debout devient rapidement un privilège qu'on exploite volontiers. J'ai passé un grand nombre de soirées, adolescent, au fond du jardin, le nouveau spot de ceux qui buvaient un maximum de bière. Le QG pour faire une pause entre hommes, entre deux blagues graveleuses.

Les premiers pénis que j'ai vus en détail, c'était dans les porno. Je constatais des hommes musclés, très dominants et apparemment séduisants, avec des proportions de sexe dans lesquelles je ne me retrouvais pas. Pour en avoir discuté avec beaucoup d'hommes, c'est souvent l'industrie pornographique qui crée les premiers complexes dysmorphobiques de l'organe génital. On nous met en avant des scénarios où la femme succombe aux charmes d'un homme viril, souvent très agréablement surprise à la vue de son engin. Cette tendance est en train d'évoluer ces dernières années avec la volonté de montrer des « vraies personnes » faisant du « vrai sexe » dans le porno (pour une petite partie de l'industrie seulement). Les garçons manquent aussi d'accompagnement dans l'approche « fictionnée » de ces vidéos qui n'ont pas vocation à éduquer dans sa sexualité ou la découverte de son propre corps.

La taille du sexe est donc un réel sujet chez l'homme (vous avez déjà vu passer des publicités proposant l'agrandissement de la taille du pénis comme une réponse claire à un mal-être profond ?). MAIS ce n'est pas tout. Au-delà d'une taille acceptable du sexe, l'injonction virile de la puissance phallique se concrétise aussi par la preuve de son bon fonctionnement : l'érection.

LA PUISSANCE PHALLIQUE

La fameuse panne est l'une des peurs principales des hommes lors d'un rapport sexuel. La démonstration virile dépend de ce devoir de dureté. Ce sentiment de honte en cas de sexe mou incite l'homme à s'insurger d'une anomalie VRAIMENT exceptionnelle : « Je ne comprends pas, c'est la première fois que ça m'arrive. » Pendant longtemps, aux XVIe et XVIIe siècles, les problèmes d'érection étaient d'ailleurs punis par la loi. Une femme pouvait demander le divorce à cause de l'infertilité de son mari ou de ses problèmes d'érection. Cela faisait partie du devoir conjugal. Devant les juges, l'organe de l'homme était analysé, mesuré pour vérifier sa longueur et l'érection devait être constatée (avec souvent un coït devant public). Une pratique qui n'existe plus depuis la Constitution de 1791.

Bref, le pénis est un organe au centre de nos préoccupations masculines depuis notre enfance, il est adulé tout en étant source de complexe et de préoccupation.
Il faut un sexe ni trop petit, ni trop gros, avec une érection sur demande alors qu'elle n'obéit en réalité qu'à elle-même. Un sceptre de puissance présenté aux femmes avec fierté mais caché aux autres hommes par peur et pudeur.
Voilà le paradoxe de la teub.

RAPPEL SIMPLE :

On ne montre pas son sexe
à quelqu'un qui ne veut pas.

Ni en vrai,
ni en photo.

(pas en vidéo non plus, non.)

PETIT APARTÉ SUR LES COUILLES

Combien de garçons ont été mis au défi, ne pouvant refuser d'agir face à l'argument ultime : « T'as des couilles ou pas ? »

J'ai exprimé précédemment l'injonction de courage faite aux garçons et aux hommes qui les entraîne à prendre plus de risques que les femmes, quitte à se mettre en danger pour affirmer leur virilité.

Mais pourquoi spécifiquement les couilles ? Les testicules, dérivant du mot *testis* (signifiant « témoin » en latin) sont considérés comme les signes, les témoins de la virilité.

On l'a vu précédemment avec la théorie d'Aristote sur les corps chauds et froids. Les testicules seraient, en quelque sorte, le four du sperme, permettant aux hommes d'être des corps chauds qui savent se réguler. On considérerait donc en partant de ce constat qu'un homme sans couilles n'est pas viril.

Pendant des siècles, de nombreuses civilisations s'empoignaient d'ailleurs les testicules pour prêter serment entre hommes.

VRAI HOMME MANGE VRAIE VIANDE

Je suis végétarien. Voilà, c'est dit. Dans un contexte écologique assez catastrophique, ça ne paraît plus aussi marginal qu'avant d'avoir arrêté de manger de la viande et du poisson. Pourtant ça n'a pas toujours été aussi simple. Et là encore, la pression entre hommes est bien présente.

RATIONNEL VS ÉMOTIONNEL

Au début de mon végétarisme, quand on me demandait mes motivations, je n'assumais pas vraiment ma sensibilité à la souffrance animale. En sondant les autres hommes végétariens autour de moi, je suis très loin d'être un cas isolé. Nous sommes nombreux à avoir plutôt opté pour des arguments dits « rationnels » avec les effets concrets sur la santé.

On a toutes et tous sorti des chiffres clefs concernant l'impact de la surconsommation sur la planète, etc. Un homme sera toujours moins jugé sur du concret que sur de l'empathie, de l'émotionnel. Maintenant, j'assume que la souffrance animale fait clairement partie de mes motivations, parce que j'aime les animaux.

LES LÉGUMES, C'EST POUR LES MEUFS !

Mes premiers barbecues étaient complexes à mettre en place avec mes amis. J'ai toujours trouvé ça étrange qu'on intègre l'idée sexiste que c'est la femme qui doit s'occuper de cuisiner SAUF quand il s'agit de manier le feu du barbecue. Là, c'est une affaire d'hommes. J'ai été un peu moqué avec mes aliments qui ne suaient pas le sang. Puis, le goût parlant de lui-même, j'ai converti quelques amis aux légumes grillés et autres joyeusetés du barbeuc végétarien.

Qu'on le veuille ou non, les aliments nous sont vendus comme genrés. La grosse viande pour les hommes virils, les yaourts 0 % si doux pour les femmes.

On a en tête l'image de l'homme préhistorique qui va chasser la viande rouge pendant que la femme cueille des baies. Cette image s'est bien ancrée dans l'imaginaire collectif pour justifier une séparation genrée naturelle des tâches. Les premiers préhistoriens anthropologues, qui étaient exclusivement des hommes, ont calqué leurs découvertes sur leur système de pensée.

Depuis la féminisation de l'archéologie et de nombreuses découvertes dans les années 1980, on s'est pourtant rendu compte que cette conception de l'histoire est fausse. On a notamment constaté que les sociétés de chasseurs-cueilleurs consommaient 70 % de végétaux (c'est pas un steak-frites par jour, ça !) et que les communautés qui dépendaient moins de la viande animale étaient plus égalitaires entre les sexes.

Dans mon émission « On réagit aux hommes dans la pub » du 1er novembre 2020, on évoquait une publicité Charal où l'homme mord sa femme. Le slogan final est « Depuis combien de temps n'avez-vous pas donné de viande à votre mari ? » La viande reste un symbole de résistance masculine.

Alors face aux conséquences négatives sur l'environnement et sur notre santé, est-ce qu'on accepte de redéfinir nos manières de consommer quitte à se faire juger par ses pairs ? est-ce qu'on est prêts à accepter que ralentir sa consommation de viande ce n'est pas perdre sa virilité et ce n'est pas réservé aux écolo-végano-féministes ?

Je ne fais pas de propagande pour le végétarisme, chacun ses motivations, ses vérités et son cheminement. J'invite tout de même les hommes à se poser la question que je me suis également posée : est-ce que j'ai peur du jugement des hommes de mon entourage si je ralentis la viande ?

EN ATTENDANT, MOI, JE MANGE DES BONS GROS LÉGUMES VIRILS.

MON PÈRE

Je ne pouvais pas faire un livre qui parle de mon rapport à la masculinité sans vous parler du repère masculin qui m'a éduqué : mon père. Mon rapport à lui est complexe, je l'ai très peu évoqué autour de moi et c'est la première fois que j'écris vraiment sur cette thématique.

LA FIGURE PATERNELLE

Mon père a guidé notre vie familiale ; on a souvent déménagé pour le suivre dans son évolution professionnelle. Ma mère a arrêté de travailler à la naissance de mon petit frère pour s'occuper de nous. C'était un schéma assez classique, similaire à celui de nombreux enfants de ma génération.

J'ai toujours entretenu de bonnes relations avec mon père. Même s'il a toujours été difficile de lire ses émotions. Je ne l'ai jamais vu exprimer son ressenti, ni même simplement ressentir. Je ne l'ai jamais vu pleurer ou parler pour ne rien dire. Mon père n'est pas gêné par les silences dans une conversation, il ne se force pas à rire aux blagues ou à alimenter une conversation si cela lui semble futile. C'est une personne assez secrète, en fait.

Mes parents ont rapidement eu des conflits dans leur équilibre de couple qui m'ont amené à démystifier le conte de fées de l'Amour éternel. Mais, surtout, je me suis placé assez jeune en opposition des choix de vie de mon père : je m'étais promis de ne pas faire d'études longues, de ne pas faire de ma carrière professionnelle une priorité, et de ne pas passer l'entièreté de mon temps à travailler. *Spoiler :* j'ai finalement fait absolument tout comme mon père. L'effet miroir des personnes avec qui on se met en conflit est toujours intéressant à constater.

J'ai échangé, assez récemment, sur les pères avec des gens de ma génération, autour de moi ou dans mes émissions. C'est intéressant, malgré les singularités, d'y retrouver beaucoup de similitudes de l'archétype du patriarche. Comme s'il existait un moule du père de famille, celui qui remplit beaucoup de cases de ce qu'on attend des hommes en société : nourrir et protéger la famille, rester courageux, contrôler ses émotions pour garder le cap.

UN DARON PEU COMMUNICATIF

Je ne sais pas quelle relation vous avez avec vos parents (ou les personnes qui vous ont éduqué). Moi, j'ai commencé à créer du lien avec mon père à l'âge adulte, quand j'ai commencé à travailler. Il a toujours été une bonne oreille et de bon conseil sur la partie business. Mais finalement j'ai la sensation qu'on a commencé à se comprendre mieux au moment où l'on pouvait être des hommes d'égal à égal.

Mes parents sont divorcés et je n'ai jamais entendu aucun terme du champ lexical de la séparation de sa bouche. Nous n'avons jamais abordé le sujet.

J'ai rapidement développé ce sentiment d'avoir eu un père absent, très focus sur son travail et ses secrets. Avez-vous déjà eu la sensation de connaître quelqu'un depuis toujours mais d'être, dans le même temps, face à un inconnu ? J'ai pu avoir, par moments, ce sentiment avec mon père.

Dans la déconstruction de ma masculinité, j'ai pu lui reprocher beaucoup de choses ou, en tout cas, essayer de me différencier dans mes propres choix. Comme chaque génération avec ses parents, j'imagine.

Toutefois, je suis retombé récemment sur un objet qui a nuancé mon ressenti global sur la situation. Alors que je faisais du tri dans mes affaires, j'ai retrouvé une cassette : *Highway To Hell* d'AC/DC. C'est un des groupes préférés de mon père (pour ne pas dire LE préféré) que j'ai beaucoup écouté dans mon enfance grâce à lui. Cette cassette audio date de 1980, il l'avait achetée à sa sortie et elle l'avait accompagné pendant son adolescence. Le jour de mes 17 ans, il a frappé à la porte de ma chambre et m'a offert cette cassette. Comme un passage de flambeau. Un album symbolique de ses 17 ans dont il se séparait pour mes 17 ans.

AC/DC

En retombant sur cet objet, j'ai pris conscience que, certes, mon père ne m'avait jamais dit qu'il m'aimait ou qu'il était fier de moi, mais il me l'avait régulièrement montré. On ne peut pas attendre des autres qu'ils fonctionnent ou s'expriment comme on aimerait. Et, si mon père ne m'avait jamais rien verbalisé, c'est par de nombreuses attentions que je n'avais pas forcément su reconnaître qu'il m'a démontré son amour.

Encore aujourd'hui, on parle peu avec mon père.

Sauf que j'écris un livre sur les masculinités et je vous dévoile la relation que j'ai avec lui. Je pense que c'est donc l'occasion idéale pour qu'on se dise enfin ce que l'on n'a jamais exprimé.

Alors, voici en exclusivité, un échange entre mon père et moi, où l'on discute à cœur ouvert.

FACE À FACE AVEC MON PÈRE

Quelle relation tu avais avec ton père (mon grand-père, du coup) quand tu étais enfant ?

Il y avait un mélange d'admiration et de crainte. L'éducation des années 1960/80 dans lesquelles j'ai grandi était différente, beaucoup plus stricte que celle des années 1990 et au-delà. Il était commun de recevoir des fessées ou des gifles, qui étaient considérées comme un moyen normal d'éducation des enfants.

J'ai encore le souvenir de quelques-unes mémorables. Le cadre posé par mes parents, et par mon père en particulier, n'était pas questionnable, l'accent étant mis sur les bons résultats à l'école – je précise que mes parents étaient enseignants – et sur la bonne utilisation du temps restant dans des activités « utiles » comme le sport, la musique ou la lecture. Mais j'étais assez souple et curieux, donc j'allais sans trop de difficultés là où mon père voulait que j'aille.

L'admiration venait de l'impression qu'il savait tout faire : il avait une position sociale reconnue – principal de collège – mais il était également sportif, bricoleur, savait aussi bien construire un mur que travailler la terre ou pêcher des truites à la main.

Tu dirais que ça t'a construit une image de ce que devait être un homme ? Tu t'es construit en accord ou en opposition avec cette image ?

C'est une question que je ne m'étais jamais posée dans ces termes. Mais oui, mon père a été un modèle dans ma construction de ce que devait être un homme, et je me suis façonné en accord avec cette image, même si elle ne correspondait pas entièrement à qui j'étais – je l'ai compris bien plus tard. L'image d'un homme qui a du charisme, qui en impose, pas forcément grâce à son physique, mais à sa capacité à être le leader dans un groupe, à communiquer et imposer ses idées. Un homme qui fait carrière, mais qui a aussi une famille et des amis.

La réalisation de cette image passait d'abord par réussir des études, avec l'idée au départ de faire Normale Sup pour être enseignant – comme papa – qui s'est transformée ensuite en une école d'ingénieur. J'étais bien embêté avec mon diplôme en poche, car je ne savais pas ce que je pouvais faire d'intéressant avec ça. Heureusement, j'ai trouvé ma voie et je me suis épanoui de longues années professionnellement avant de réaliser que j'aspirais à d'autres choses, que j'avais mises de côté par « autoconditionnement ».

Tu étais quel genre de garçon à l'adolescence ?

J'étais plutôt à classer dans la catégorie « intello » selon les critères des collégiens. J'étais très intéressé par ce que j'apprenais en classe, mais aussi par la biologie, l'astronomie, la physique, bref tout ce qui touchait aux sciences que j'approfondissais en dehors des cours. Je lisais beaucoup, tous les styles et j'adorais aller au cinéma.

« J'AI COMPRIS QUE TOMBER AMOUREUX ET AIMER ÉTAIENT DEUX CHOSES DIFFÉRENTES. »

Je m'intéressais également aux filles, mais j'avais – pour des raisons mystérieuses – développé la croyance que je ne pouvais pas les intéresser, et j'ai longtemps eu en conséquence peu de succès auprès d'elles, par une sorte de prophétie autoréalisatrice. Mais je garde un bon souvenir de cette période, en particulier ma bande de potes collégiens et collégiennes avec qui nous réalisions beaucoup d'activités.

Est-ce que tu te rappelles les comportements virils à l'école entre mecs et aussi avec les filles ?

Bien sûr, et quand j'entends tes témoignages et ceux de tes invités dans tes vidéos, je me dis que les choses étaient les mêmes à mon époque : les garçons à la puberté précoce qui paradaient dans les vestiaires de gym ou à la piscine, qui montraient plus facilement leurs attributs ou leurs muscles, qui avaient des comportements machos vis-à-vis des filles, que certaines appréciaient en retour.

Les garçons étaient « populaires » parce qu'ils étaient doués en sport et les filles parce qu'elles étaient jolies. Je me souviens de deux clans finalement, ceux qui entraient dans ces codes, et ceux qui s'en foutaient ou ne les comprenaient pas, dont je faisais partie.

J'ai eu la chance d'avoir une bonne bande de potes garçons et filles au collège qui valorisaient d'autres occupations – comme le cinéma, le théâtre ou d'autres activités intellectuelles non genrées – donc j'ai peu souffert de ne pas faire partie de la caste des gens populaires.

Est-ce que tu as eu la pression de faire ta première fois tard ?

Je me souviens d'une pression sur le premier baiser, vers 14 ans au collège. Il fallait l'avoir fait sinon tu étais encore considéré comme un gamin puceau et sujet à moqueries, notamment de la part des gens populaires.

Ce qui m'a amené à tenter l'aventure avec une jeune fille aussi inexpérimentée que moi, avec qui je n'avais presque pas échangé avant de nous embrasser – à l'époque, on passait par des intermédiaires pour demander si l'autre personne voulait bien « sortir » avec nous –, ce qui nous a conduits à un moment très maladroit et décevant.

Plus tard, je n'ai pas ressenti de pression particulière sur le premier rapport sexuel. J'étais au lycée, chacun faisait sa vie sans forcément regarder ce que faisaient ses copains de classe. En outre, ce n'était pas un sujet de discussion à la maison, sans qu'il y ait d'interdits autour de ça.

Comment tu t'es éduqué dans ta sexualité à une époque où l'accès au porno était complètement différent d'aujourd'hui ?

Internet n'existait pas, l'accès au porno était compliqué pour les mineurs. Il y avait les magazines masculins qu'on pouvait acheter au kiosque si on avait le courage d'affronter le regard désapprobateur – parfois même les remarques ! – de la vendeuse, mais ça restait des photos soft. Le premier vrai accès – ponctuel – au porno que j'ai eu était vers 16 ou 17 ans, par l'intermédiaire d'un copain qui avait acheté des revues photos suédoises par correspondance. Un autre monde...

Mon éducation sexuelle s'est faite par l'intermédiaire de livres spécialisés achetés par mes parents, qui expliquaient de manière académique la reproduction, mais aussi les relations hommes-femmes. C'était complet, mais bien sûr uniquement théorique, les actes sexuels en eux-mêmes n'étaient décrits que de manière technique avec, au mieux, quelques schémas.

Est-ce que tu as l'impression de ressembler à ton père, aujourd'hui ?

Nous avons certains points communs depuis toujours – une propension à organiser les choses et gérer le temps, par exemple. Sur beaucoup d'autres aspects, nous sommes différents : dans notre façon de communiquer, notre rapport aux autres et au monde.

Ce qui amène parfois des malentendus et des agacements. Mais nous nous connaissons suffisamment pour dépasser ces différences.

Est-ce que ta vision du couple a changé avec le temps ? Comment tu l'abordais au départ et comment elle a évolué ? (NDA : mes parents ont divorcé quand j'avais 20 ans)

Plus jeune, je me suis conformé à la norme sociétale concernant le couple et la famille, tout en sentant confusément que je n'étais pas aligné au fond de moi sur tous ces principes.

Aujourd'hui, après avoir cheminé – parfois de manière douloureuse –, j'ai mieux compris mes aspirations d'une part et ce qu'était vraiment l'amour d'autre part.

J'ai notamment compris que la souffrance n'avait pas sa place dans une vraie relation d'amour. Jalousie, passion, possessivité, dépendance affective, qu'on nous « vend » depuis les romantiques comme la forme suprême de l'amour, n'en sont pas, mais il s'agit juste de la projection sur l'autre de nos blessures non guéries.

J'ai compris que tomber amoureux et aimer étaient deux choses différentes, qu'on tombait amoureux à durée déterminée, mais que l'amour véritable pouvait être nettement plus durable et profond. J'ai compris qu'on pouvait aimer plusieurs personnes en même temps, et que la sexualité n'avait pas grand-chose à voir avec ça. J'ai compris que les injonctions de fidélité avaient davantage à voir avec le pouvoir et la possessivité qu'avec l'amour véritable.

Est-ce que tu aurais pu être père au foyer ou le travail avait-il une place trop importante dans tes objectifs de vie et conception de « réussite » ?

Je crois que ça aurait été compliqué, car le travail a toujours tenu une place importante dans ma vie. À 30 ou 40 ans, il aurait été inconcevable pour moi de ne pas travailler. J'ai toujours considéré le travail comme une portion importante de la réalisation de soi, l'aspect alimentaire passant au second plan.

Aujourd'hui encore – même si j'ai pris beaucoup de recul sur les notions de réussite et de recherche de sens dans le travail – il me serait impossible de faire un job dans lequel je ne prends pas de plaisir et je ne me réalise pas.

Est-ce que tu t'es demandé, avant de nous avoir mon frère et moi, si tu allais être « un bon père » ?

Étrangement, je n'ai jamais ressenti de pression là-dessus. L'idée d'avoir des enfants s'est imposée naturellement avec ta mère lorsque nous avons perçu que notre couple était solide, et, quand vous êtes arrivés l'un puis l'autre, nous avons cheminé en essayant de faire de notre mieux. Nous avons eu la chance d'être alignés sur la façon de vous élever, de pouvoir en parler sereinement chaque fois que des difficultés ou des choix se présentaient.

Est-ce que tu t'es demandé ce que tu allais transmettre à tes enfants ?

L'idée de l'éducation est de guider ses enfants vers l'autonomie et la capacité à se réaliser et à être heureux. Il ne s'agit pas de les façonner à notre image, ou de faire les choix à leur place. Plus que de transmettre, j'ai plutôt essayé de vous permettre, ton frère et toi, de faire vos propres choix en connaissance de cause. La limite entre guider et imposer n'est pas toujours simple à trouver avec des enfants.

« PLUS QUE DE TRANSMETTRE, J'AI PLUTÔT ESSAYÉ DE VOUS PERMETTRE, TON FRÈRE ET TOI, DE FAIRE VOS PROPRES CHOIX EN CONNAISSANCE DE CAUSE. »

À l'arrivée d'un enfant, on n'a aucun mode d'emploi. Il y a des choses que tu regrettes dans l'éducation que tu nous as donnée ?

Il y a en effet des choses que je ferais différemment si c'était à refaire. On croit qu'on donne la même éducation à chacun de ses enfants, mais la réalité est plus complexe, il faut s'adapter en permanence à la personnalité de chacun, au contexte et ce n'est pas chose aisée.

On essaye de bien faire, et le retour montre quelquefois qu'on est à côté de la plaque. Et le travail n'est jamais terminé, on reste un parent toute sa vie, même si la posture change avec le temps lorsque les enfants deviennent adultes.

Est-ce que tu as l'impression d'avoir été un homme aux aspirations différentes à des périodes de ta vie ?

Oui. 30 ans, c'était le temps de la construction de la famille – avec beaucoup de moments de bonheur – et du démarrage de la carrière professionnelle – parfois compliqué de trouver sa voie au départ.

Les 35-45 ans ont été l'âge de l'épanouissement professionnel, avec l'accès à des fonctions de direction d'entreprise, et le pouvoir de réalisation qui va de pair. Et la consolidation de la famille, avec deux ados à la maison. Parfois compliqué, mais la période normande a été une très belle tranche de vie.

Les 50 ans ont été le moment des changements et remises en question profondes, liés à des événements personnels et pros. Avec une reconversion professionnelle risquée, mais épanouissante, et une vie personnelle radicalement différente aujourd'hui, probablement plus alignée avec mes aspirations. Confucius disait « On a deux vies. La seconde commence quand on réalise qu'on n'en a qu'une. » Pour moi, c'était à 50 ans.

ZIP-ZAP CLUB

Est-ce que, adulte, tu as ressenti une pression de la société à être et faire des choses en tant qu'homme ?

C'est difficile de faire la part des choses entre les injonctions sociétales, culturelles ou d'éducation, et celles qu'on s'impose – souvent inconsciemment – à soi-même. J'étais l'aîné non seulement de ma fratrie mais aussi de tous mes cousins/cousines. J'avais plutôt des bons résultats scolaires, en étant montré en exemple là-dessus dans la famille.

J'ai ressenti ainsi une certaine obligation de réussite tout au long de mon parcours, renforcée par l'aiguillon d'exigence de mon père pour qui les résultats n'étaient jamais assez bons. Je pense que cette pression m'a suivi ensuite dans ma vie professionnelle – jusqu'à ma remise en question de la cinquantaine – mais également dans ma vie personnelle, en m'amenant notamment à pratiquer des sports qui demandaient du dépassement de soi, comme le triathlon ou les courses de fond.

J'ai l'impression qu'il y a des pressions sociales différentes liées au vieillissement selon si on est une femme ou un homme. On fait croire aux femmes qu'elles ont une date de péremption de la séduction, là où les hommes se bonifieraient avec le temps.

Est-ce que c'est quelque chose que tu ressens ?

La pression sociale ne s'exerce pas de la même manière sur les hommes et les femmes. Dans notre société, on va évaluer beaucoup plus une femme sur son aspect extérieur, alors qu'on jugera davantage un homme sur son statut social ou son charisme.

Souvent, le statut social évolue positivement avec l'âge, au contraire du physique. D'où cette idée parfois de la date de péremption que tu évoques pour les femmes. Heureusement ça évolue, mais pas aussi rapidement que ce serait souhaitable.

J'ai la sensation que ton rapport à tes émotions a beaucoup changé ces dernières années. Est-ce que c'est quelque chose que tu ressens ? Comment tu gérais tes émotions avant et quel a été le déclic ?

Oui, clairement. Plusieurs événements compliqués en cascade sur 3 ou 4 années – la mort de ma mère, la séparation puis le divorce d'avec ta mère, ton départ de la maison, suivi de celui de ton frère, 2 licenciements, conduisant à une reconversion professionnelle – ont profondément ébranlé ma vision du monde et m'ont forcé à me poser des questions sur qui j'étais vraiment.

Je me suis tourné vers des approches – comme la méditation, ou des formations professionnelles autour de l'accompagnement et la relation d'aide – qui ont fait émerger des parties de ma personnalité restées au second plan, davantage tournées vers la relation aux autres. Ça m'a permis de mieux accéder à mes états émotionnels pour mieux les gérer.

Est-ce qu'il y a des choses que tu regrettes aujourd'hui, que tu aurais fait autrement avec du recul ?

On se construit étape par étape, dans nos succès comme dans nos échecs. J'ai clairement, à différents moments de ma vie, fait des choix – ou eu des comportements – qui n'étaient pas les bons au moment où je les ai faits, mais dont les conséquences ont ouvert d'autres portes, m'ont fait penser différemment, vers une meilleure version de moi-même. Difficile de savoir qui on serait si on avait fait des choses d'une autre manière. C'est toujours aisé de refaire l'histoire, mais aurais-je réussi à connecter des ressources enfouies si je n'avais pas eu besoin d'aller les chercher dans des moments difficiles ?

Les moments que je regrette vraiment sont ceux où – souvent involontairement – j'ai pu faire du mal à d'autres personnes, que ce soit dans le domaine professionnel ou personnel.

Pour toi, c'est quoi un homme ?

On catégorise généralement les valeurs en critères masculins (compétition, pouvoir, ambition, argent...) et féminins (écoute, bienveillance, empathie, équilibre vie perso/pro, parité...). Traditionnellement, un homme est davantage valorisé s'il possède des caractéristiques masculines. Mais il me semble que nos sociétés gagneraient – à l'instar de la culture scandinave – à privilégier un meilleur équilibre avec des caractéristiques féminines. Nos élites politiques, par exemple, sont sélectionnées sur leurs capacités à « clasher » leurs concurrents lors de débats où la forme prend le pas sur le fond.

Les personnes sages – philosophes, experts reconnus... – sont rarement en position de prendre des décisions sociétales. Pour moi, l'homme de demain est celui qui aura un bon équilibre entre les valeurs féminines et masculines, et qui permettra à la société de se développer dans ce sens. « Sois le changement que tu veux voir dans le monde », disait Gandhi.

L'HOMME DE DEMAIN EST CELUI QUI AURA UN BON ÉQUILIBRE ENTRE LES VALEURS FÉMININES ET MASCULINES, ET QUI PERMETTRA À LA SOCIÉTÉ DE SE DÉVELOPPER DANS CE SENS

Peut-on vraiment changer les mentalités ?

Je me demande souvent s'il n'y aurait pas une fatalité dans ce système et qu'on ne pourrait finalement pas vraiment changer les codes actuels de la masculinité. J'ai lancé, sur YouTube, mon émission « Entre Mecs » avec une lueur d'espoir. Un concept simple avec 3 à 5 mecs autour d'une table qui partagent leurs expériences de vie. Un endroit intime où les hommes se sentent en sécurité pour assumer une vision différente de la virilité imposée.

Je me suis lancé un peu naïvement dans ce projet. Au bout de 2 ans d'émission, des dizaines de millions de vues plus tard, je me rends compte de l'impact positif des témoignages publics. Je ne compte plus les messages d'hommes (adolescents et adultes) qui me disent avoir eu de réels déclics sur des comportements qu'ils pouvaient avoir. Chacun évolue dans sa réalité de vie et on n'a pas toujours l'entourage qui nous montre qu'une vision différente existe.

Alors, si en une émission on a pu recréer du lien dans des couples, engager du dialogue entre parents et enfants, déclencher des coming-out, des changements d'études et de carrière… c'est qu'on a toutes et tous le pouvoir à notre échelle d'éduquer et d'inspirer notre entourage.

L'évolution des masculinités est possible si on s'éduque, si on se remet en question et qu'on se responsabilise toutes et tous dans les valeurs qu'on transmet à nos ami·e·s, notre famille, nos enfants, nos collègues de travail, etc.

Donc oui :
si on libère la parole, on soulève des tabous et on fait changer les mentalités.

À toi de montrer l'exemple.

EST-CE QUE JE SUIS DEVENU UN HOMME VIRIL ?

Mon histoire est celle d'un enfant qui ne rentrait pas dans le moule de la masculinité. Un enfant qui a cru longtemps qu'il était trop différent pour être accepté. Un enfant qui pensait ne jamais pouvoir être accepté en tant qu'homme. Un enfant plus faible physiquement, alors qu'un homme se doit d'être fort et bagarreur. Un enfant hypersensible, alors qu'un homme doit savoir réguler ses émotions. Un adolescent sans barbe à qui on a affirmé qu'il ne serait jamais un vrai homme poilu.

Mon histoire n'est pas extraordinaire. Beaucoup de garçons se retrouvent dans celle-ci. Et c'est bien le problème d'un système de pensée qui n'a jamais fonctionné. La crise de la virilité existe depuis l'invention même de la virilité. On s'est toujours raccroché au fantasme d'une époque passée où les hommes savaient être de vrais mâles. En réalité, ça n'a jamais existé.

Si j'ai écrit ce livre, ce n'est pas pour faire une autobiographie à 29 ans ni pour sur-théoriser des concepts ou imposer une morale à qui que ce soit. Ce livre existe pour témoigner d'un sentiment actuel qu'ont les hommes : ce mythe viril est une prison pour beaucoup d'entre eux. Je reçois énormément de témoignages d'hommes qui ne se sentent pas à leur place, qui jouent un rôle et vivent à côté de qui ils sont réellement, qui n'arrivent pas à s'assumer pleinement.

Entre homophobie intériorisée, prises de décisions biaisées et carapaces forgées, j'aimerais que ce livre puisse permettre à bon nombre d'entre nous de sortir de ce sentiment de solitude. Car vous n'êtes pas seul. J'aimerais également que les femmes qui lisent ce livre aient pu en apprendre un peu plus sur la perception masculine, les anecdotes de vie et les enjeux sociaux qui pèsent sur notre développement. Car l'unique but de tout cela, à mon sens, c'est que l'on s'écoute, afin de mieux se comprendre et de recréer du lien entre nous. On a toutes et tous peur de l'inconnu, alors apprenons à mieux nous connaître !

Est-ce que je me sens homme aujourd'hui ? Oui, je n'ai jamais douté de mon identité de genre. Est-ce que je me sens viril ? C'est une question encore compliquée car j'ai la sensation que le terme « viril » n'a plus trop de sens à mes yeux. Il a été destructeur dans mon développement physique et psychologique selon les codes de masculinité.

Mais est-ce que le souci c'est le terme « virilité » ou bien sa définition actuelle ? Une amie m'a dit une phrase qui m'a marqué : « Je te trouve très viril car tu t'assumes pleinement. Dans tes moments forts comme tes doutes et tes remises en question. Et c'est ça, pour moi, la vraie virilité. »

Je suis totalement d'accord avec cette nouvelle définition de la virilité. Si ce terme désigne les caractéristiques d'un homme, alors oui : je pleure comme un homme, je ris comme un homme, je doute comme un homme, j'échoue comme un homme, j'assume pleinement qui je suis sans que cela remette en question ma personne.

J'espère que ce livre vous aura apporté des réponses et la force d'être publiquement toujours un peu plus la personne que vous êtes au fond de vous. Parce que la féminité et la virilité accomplies c'est finalement ça : être fier et assumer d'être soi entièrement et sans compromis.

Je m'appelle Benjamin, j'ai 29 ans, et je suis viril.

Déf. **VIRILITÉ**

nom féminin

- ~~Ensemble des attributs et caractères~~ physiques, psy~~chologiques et sexuels de l'hom~~me.

Accepter et assumer
pleinement qui on est.

Les gens auront toujours
un avis sur ce que tu dis et fais.
Alors autant être en accord
avec ce que tu dis et fais.

Ne rattrape pas les gens
qui veulent sortir de ta vie.
Ça arrivera toute ta vie par cycles.
Les gens partent, reviennent.

Donne de l'attention et du temps
aux gens qui te donnent
de l'attention et du temps.
Tu vas t'essouffler à courir
après des gens qui ne te jettent
même pas un regard.

Ne cherche pas à devenir cool.
Sois toi, c'est ça qui est cool.
Ne te mens pas à toi-même en essayant
de devenir quelqu'un d'autre.

L'important c'est pas l'échec,
c'est ce que tu en fais.

BIBLIOGRAPHIE

OUVRAGES

De Haas (Caroline), *En finir avec les violences sexistes et sexuelles – Manuel d'action*, **2021, Éditions Robert Laffont.**

Docteur Aïm (Philippe), *Harcèlement scolaire, le guide pratique pour aider nos enfants à s'en sortir*, **2020, Éditions Plon.**

Lo (Imi), *Hypersensible et heureux, votre extrême sensibilité est une force*, **2019, Éditions Larousse.**

Aron (Elaine N.), *Hypersensibles, mieux se comprendre pour mieux s'adapter*, **2019, Éditions Marabout.**

Despentes (Virginie), *King Kong Théorie*, **2006, Éditions Grasset.**

Tomasella (Saverio) et Vitaly (Cédric), *L'hypersensibilité pour les nuls*, **2020, First Éditions.**

Peytavin (Lucile), *Le coût de la virilité*, **2021, Éditions Anne carrière.**

Gazalé (Olivia), *Le Mythe de la virilité, un piège pour les deux sexes*, **2017, Éditions Agora.**

Bouazzouni (Nora), *STEAKSISME, en finir avec le mythe de la végé et du viandard*, **2021, Éditions Nouriturfu.**

PODCASTS

Mansplaining, **Thomas Messias, Slate Podcast**

Les couilles sur la table, **Victoire Tuaillon, Binge Audio**

POUR ALLER PLUS LOIN

Verdier (Catherine), *50 activités bienveillantes pour prévenir le harcèlement scolaire*, **2020, Éditions Larousse.**

Renard (Noémie), *En finir avec la culture du viol*, **2021, Éditions Les Petits matins.**

Strack (Emma) et Frade (Maria), *Harcèlement. Inventaire pour ne plus se taire*, **2020, Éditions La Martinière Jeunesse.**

Roszak (Romain), *La séduction pornographique*, **2021, Éditions L'échappée.**

Larcher (Nadège), Sausse (Juliette), Szymanski (Clotilde), *Le petit livre pour dire STOP au harcèlement à l'école*, **2020, Éditions Bayard Jeunesse.**

Descombes (Anne et Jean-François), *Le Slow sex, s'aimer en pleine conscience*, **2019, Éditions Marabout.**

TABLE DES MATIÈRES

L'ÉQUIPE

VALP

@BONJOUR_VALP

Direction artistique, mise en page intérieur, collages et illustrations.

JULIETTE LEIGNIEL

@JULIETTE_LEIGNIEL

Photograpies et première de couverture.

THURB

@THURB_

Stickers.

REMERCIEMENTS

Je souhaite remercier mes parents, à qui ce livre est dédié. Ce ne sera jamais assez pour saluer leur dévouement dans mon éducation. Ils sont, encore aujourd'hui, un vrai soutien dans tout ce que j'entreprends.

Je remercie également mon frère. J'aurais pu écrire un chapitre entier sur notre relation, je garde ça pour le deuxième livre !

Merci à mon équipe, sans qui ce livre ne serait qu'un brouillon mal écrit sur quelques carnets de notes : Louise qui me suit depuis quelques années et qui est venue me chercher pour ce projet, Juliette qui est mon soutien de tous les jours dans tout ce que j'entreprends, Valp qui s'est lancé dans cette première aventure avec moi et qui n'a rien laché, Thurb qui a répondu présent pour réaliser ces magnifiques stickers.

Enfin, je ne vous remercierai jamais assez. Vous qui me suivez peut être depuis longtemps sur YouTube, grâce à qui je peux entreprendre de sacrés projets ! Vous qui me découvrez par cet ouvrage, qui allez chercher mon nom sur les réseaux pour aller plus loin dans l'aventure.

On avance ensemble, et c'est tous ensemble qu'on a réalisé UN LIVRE.

(Comme je suis chauvin et que je me suis retenu tout au long de l'écriture, je me dois également de remercier la Normandie tout entière.)

@BENNEVERT

BEN NÉVERT

Je ne suis pas Viril

BENNEVERT x THURB.